DOMAQUARÉE

Gerwin Zohlen

DAS DOMAQUARÉE
Sergei Tchoban
nps tchoban voss architekten

JUNIUS

4

VORWORT

Die Berliner Stadtbaugeschichte ist eine Geschichte der Zerstörung. Die Stadt wurde immer wieder neu redigiert, den jeweiligen Nutzungsansprüchen und dem Zeitgeschmack angepaßt. Das steigerte sich nach dem 2. Weltkrieg zu einem nie gekannten Maß, mit dem Gebäude und ganze Quartiere ausgelöscht wurden. Zumeist verborgen bleibt aber, daß der Preis für das Neue nicht nur die Zerstörung wertvoller Bausubstanz war, sondern daß der die Physiognomie der Stadt prägende Stadtgrundriß mit ausgelöscht wurde. Vor diesem Hintergrund ist es verständlich, daß nach der Wende ein Prozeß einsetzte, der die zahlreichen neuen Bauprojekte im Zentrum Berlins mit den Stadtgrundrissen der jeweiligen Stadtteile zu verbinden suchte. Das Stichwort hierfür lautete »Kritische Rekonstruktion«, zuletzt bildete es im »Planwerk Innenstadt« die Grundlage der städtebaulichen Entwicklung. Davon ausgenommen war ausdrücklich die große Schneise zwischen dem Palast der Republik und dem Fernsehturm und damit der größere Teil der Zentrumsplanung der DDR.

Der Prozeß der Nachwendeplanung im Heiligegeist-Viertel durch die Berliner Architekten Martin/Pächter ist im folgenden beschrieben. Leider ist dieses mit dem Senat abgestimmte Konzept Anfang der neunziger Jahre noch ohne Senatsbeschluß und Bebauungsplan erfolgt. So bleibt die »Kritische Rekonstruktion« hier nur ein Fragment. Wer die politischen und eigentumsrechtlichen Rahmenbedingungen kennt, muß gleichwohl dankbar sein, daß die DIFA den Architekten Tchoban mit dem Entwurf für das Grundstück beauftragte.

Aus Petersburg stammend, ist ihm das Wissen um die Beziehung von Städtebau und Architektur, von Gebäude und Freiraum mit in die Wiege gelegt worden. Mit dem Projekt ist es ihm gelungen, diesen höchst zentralen und gleichzeitig so sehr in Vergessenheit geratenen Stadtraum im Zentrum wieder zu einem Ort der Begegnung und Kommunikation, des Arbeitens, Wohnens und des touristischen Interesses zu machen. Diese zeitgenössische Interpretation des städtebaulichen und architektonischen Erbes bearbeitet Tschoban auf höchstem Niveau bis in die Details der unterschiedlichen steinernen Fassaden. Auch das ist – in Berlin muß dies leider immer noch betont werden – nicht die Normalität. Dabei verwendet er Stein nicht ideologisch (es gibt von ihm auch andere Gebäude), sondern für den konkreten Ort. Das Projekt zeigt: Die Stadt und ihre Architektur müssen nicht neu erfunden werden. Das Quartier bzw. die Gebäudegruppe ist ein gelungenes Beispiel dafür, wie mit heutigen Mitteln städtische Häuser zu entwerfen sind, die zugleich etwas von den Erinnerungen an ihre Vorgänger und von unserer Zeit erzählen und selbst so gebaut sind, daß sie Zeit aushalten und altern können.

Hans Stimmann

←
DomAquarée von der Karl-Liebknecht-Brücke

← Passagenkreuz von Spreegasse und Heiligegeistgasse

STADTRAUM REVISITED

Mit einem glücklichen Wort bezeichnete der Architekturkritiker Dankwart Guratzsch das DomAquarée anläßlich seiner Eröffnung als »vierblättriges Kleeblatt«, das um ein Passagenkreuz angelegt ist.[1] Gewiß sollte man das angesichts der Größe der Gebäude nicht allzu wörtlich nehmen. Doch gibt die Formulierung und das darin enthaltene Bild eine der wichtigsten Intentionen des Architekten Sergei Tchoban wieder. Er wollte das Areal im Schlagschatten des opulenten, aber nach Ansicht vieler Kunst- und Architekturkenner nicht gerade überragend schönen Berliner Doms sowie der Museumsinsel mit ihren ungleich bedeutenderen Architektur- und Kunstschätzen zu einem von der Öffentlichkeit durchpulsten Quartier gestalten. Dafür nutzte er die rhombisch verzogene Figur eines Straßenkreuzes, von dem das Grundstück in vier ungleich große Teilstücke unterteilt wird. Die Spreegasse in Ost-West Richtung und die Heiligegeistgasse von Süd nach Nord, letztere gänzlich als Passage, die erste teilweise überdacht, schaffen auf dem Grundstück zwischen Karl-Liebknecht-Straße, Spandauer Straße und Spree das DomAquarée.

Es wird für Hotel und Büros, Wohnungen und allgemein für die Unterhaltung genutzt und seit der Eröffnung der ersten Teilstücke von der Berliner Bevölkerung besucht. Man hatte sich im Berlin der neunziger Jahre angesichts der Überfülle und des Dauerlaufs neu eröffneter Gebäude in der Innenstadt an die Neugier und das Interesse der Bevölkerung für neue Architektur gewöhnt; für sich genommen schon ein erstaunliches, vielleicht singuläres Faktum der Architekturgeschichte des 20. Jahrhunderts. Aber bis auf wenige Ausnahmen hat man in diesen Jahren nicht erlebt, daß sich sogleich und über Wochen Besucherschlangen bildeten, in denen geduldig auf Zugang gewartet wurde. Mehrmals nahm sich die lokale Presse dieser Schlangen an, da sie sich noch zwischen Baugerüsten um den Block wickelten und wegen der unwirtlichen Bedingungen auf der Baustelle zum Sicherheits- und Verkehrsproblem zu werden drohten. Natürlich galt das Interesse der Besucher nicht allein der Architektur, die vorerst ja nur in der großen räumlichen

Massenaufteilung zu erkennen, sonst aber hinter Planen und Gerüsten gut verborgen war. Es galt vor allem dem Aquarium, dem als erstes eingezogenen Sea-Life Center und seinem Highlight, dem Aquadom, der sich haushoch im Lichthof des in der Südwestecke des Grundstücks liegenden Hotels erhebt. Interesse am Wassergewusel bei Fischfütterung, Korallen und Algen mischte sich aber zweifellos mit der Lust am architektonischen Ereignis des einzigartigen Wasserzylinders und seinem innenliegenden Fahrstuhl, so er auch noch im rohen Betonwerk dastand.

Luftbild des DomAquarée von Südosten

Diese »Abstimmung mit den Füßen« war zugleich auch eine Zustimmung und Bestätigung für das architektonische Konzept, das zur Attraktion der Berliner Innenstadt geworden ist. Denn bei allem, was man lobend oder kritisch zur Architektur des DomAquarée im einzelnen wird bemerken wollen, sicher ist, daß es die Aufmerksamkeit der Bevölkerung erneut auf einen der verschüttetsten und vergessensten Stadträume der an Bausünden und Architekturerfolgen, Spekulationen, Skandalen, aber auch gelungenen Bauten gewiß nicht armen Stadt Berlin gerichtet hat. Über vierzig, fünfzig Jahre dämmerte das Quartier in historischer Amnesie vor sich hin, nicht unbebaut, nicht ungenutzt, aber namen- und gedächtnislos geworden durch eine baupolitische Haltung der Verantwortlichen, die sich um die Geschichte, den Überlieferungsstrom aus der Vergangenheit und seine adäquate Aneignung nicht kümmerte. Im Namen eines zweifelhaften Neuen in Gesellschaft, Politik und Technik setzte sie auf das ganz andere und Neue der Formen und Bebauungsmuster. Mehrmals und an prominenter Stelle wurde während der Bau- und Planungsphase des DomAquarée darauf hingewiesen, wie sonderbar unbemerkt von der Öffentlichkeit sowohl der Architekturkritiker und Journalisten als auch der politisch Verantwortlichen die Planfassung und Neubebauung des Quartiers erfolgte. Durch seine Nachbarschaft und Nähe zum ehemaligen Berliner Stadtschloß wie zu den ältesten Kernen der Stadt Berlin ist es wahrlich herausgehoben, also prominent gegenüber zahllosen anderen, vergleichsweise beiläufigen Bauplätzen der Stadt, um die wort- und artikelreich gestritten und debattiert wurde. Und wahrscheinlich ist in diesem Desinteresse doch der Erfolg einer Art Geschichtsvernichtung zu sehen, die im Verlauf jener Jahre betrieben wurde, eine Betäubung des Gedächtnisses der Stadt, deren Nachwirkungen bis in unsere Gegenwart reichen.

Der Neubau des DomAquarée nun steuert mit architektonischen und städtebaulichen Mitteln dieser Amnesie entgegen. Die folgenden Erläuterungen versuchen, daran teilzunehmen und die darin enthaltene Tendenz zur stadthistorischen Revitalisierung zu stärken. Sie setzen sich vor, neben der Präsentation von Daten und Fakten, Namen und Absichten des Architekten und seiner Arbeit auch die Geschichte des Quartiers in den wesentlichen Zügen zu erzählen, um damit einen der ältesten und bedeutendsten Stadträume Berlins dem gegenwärtigen Bewußtsein in Erinnerung zu halten beziehungsweise in Erinnerung zu rufen.

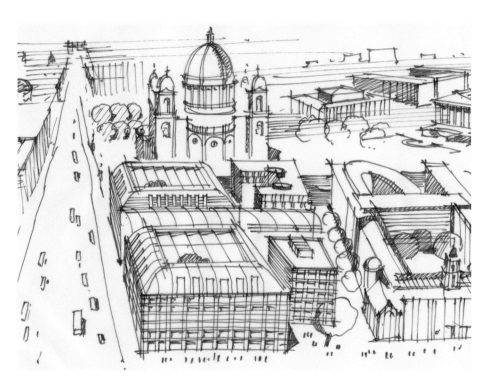

→
Entwurfszeichnung DomAquarée
Sergei Tchoban

10

PALASTHOTEL UND SOZIALISTISCHE ZENTRALE

Inneneinrichtung Palasthotel:
Die Bar Roti d'Or

Als die Deutsche Immobilien Fonds Aktiengesellschaft (DIFA) aus Hamburg, die Bauherrin des DomAquarée, das Grundstück 1994, also fünf Jahre nach dem Mauerfall, kaufte, war das riesige Areal zwischen Karl-Liebknecht-Straße, Friedrichbrücke, Burgstraße und Spandauer Straße noch durch den gewaltigen Hotelkomplex des Palasthotels belegt. Es war eines der stolzen, doch nicht gerühmten Bauwerke der DDR, von Legenden umwoben und dennoch gleichsam in aller Öffentlichkeit beschwiegen. Der vorletzte Staatschef der DDR, Erich Honecker, hatte darin ein Appartement, dennoch wurde das Haus in den offiziellen Architekturgeschichten so gut wie nicht erwähnt.

Zehn Geschosse ragte der Bettentrakt hinter den zur Karl-Liebknecht-Straße plazierten, zwei- und dreigeschossigen, pavillonartigen Flachbauten auf. Ein Café-Restaurant reckte sich als Sechseck im Südwesten über die Spree dem gegenüberliegenden Palast der Republik entgegen, von dem es seinen Namen ableitete. Und mit diesem zentralen politisch repräsentativen Bauwerk der DDR teilte es auch die Verglasung, die von den Vorbauten bis hinauf in die stark gegliederte, wabenförmig gestaltete Fassade vor den Hotelzimmern aus »Thermoglas« bestand. Dunkel kupfern glänzten und spiegelten die Scheiben, in denen die untergehende Sonne gelegentlich die Leuchtfeuer eines (sozialistischen) Weltenbrandes anzuzünden schien. Ausgeglichen wurde diese für die DDR der späten siebziger Jahre typische kupferbraune Farbe durch helle Sandsteinbrüstungen, die sich wie schmale Bänder am Baukörper und an der Straßenfront entlang streckten. Gemäß den ästhetischen Prinzipien der klassischen Moderne des 20. Jahrhundts, die seinerzeit ja im sozialistischen Osten wie im kapitalistischen Westen annähernd gleich, lediglich graduell in Material und Ausführung unterschieden waren, sollten sie eine horizontale Dynamik darstellen, um damit dem Autoverkehr und der Geschwindigkeit symbolisch Ausdruck zu verleihen. Das Vertikale war wenn nicht verpönt, so doch gemieden und nur in einzeln gestellten Zeichen wie dem Fernsehturm verwendet. Zum architektonischen Alltag gehörte es nicht.

←
Ansicht des Palasthotels von Westen
Farbaufnahme um 1979

Entworfen hatte das Palasthotel der in Schweden lebende Ungar Ferenc Kiss, ausgeführt wurde der Bau unter Leitung des deutschen Architekten Ehrhardt Gißke von 1976-79, und finanziert war es von einem schwedischen Baukonzern.² Und in dieser Konstellation liegt auch ein Hauptgrund für die Legenden, die sich um dieses 600-Zimmer-Hotel mit den 1000 Betten rankten. Offiziell wurde die schwedische Investition in der DDR kaum erwähnt, doch wußte alle Welt davon, zumal sich aus ihr der opulente Luxus des Hotels und seiner Einrichtung erklärte. Das Palasthotel war eine Botschaft des Kapitalismus inmitten des kalvinistisch angehauchten Sozialismus der DDR. Allerdings war es nur für den geringsten Teil der Bevölkerung zugänglich, da es ein sogenanntes Devisenhotel war, in dem die Rechnungen mit Dollar, D-Mark, Kronen oder Franken, mit harter Währung also, zu begleichen waren. Nur ein asiatisches Restaurant stand auch für die DDR-Bevölkerung offen. Gedacht war es vornehmlich für Politiker, Geschäftsleute, Kunst- und Musikstars, Journalisten, Fernsehtalker und andere »West-Reisende«, die der stets klammen DDR wirtschaftlich ein Zubrot verdienen sollten. Die Legende erzählt von vielen prominenten Gästen, vom Dirigenten und Komponisten Leonard Bernstein ebenso wie vom Perestroika-Politiker Michail Gorbatschow, aber auch von den Terroristen Carlos und Abu Daud, die hier lange Unterschlupf gefunden haben sollen. Und schließlich von den vielen Reisenden mit »Valuta«, die im Hotel den Damen des horizontalen Gewerbes nachstiegen. Offiziell gab es in der DDR zwar keine Prostitution, aber zur Beschaffung von De-

←
Palasthotel bei Nacht
mit Blick auf den Palast der Republik

Karl-Liebknecht-Straße, Blickrichtung Dom, kurz vor Abriß des Palasthotels 2000

visen und vor allem auch von Informationen wurde sie nicht nur geduldet, sondern sogar benutzt. Die Stasi, der Geheimdienst der DDR, war im Palasthotel mit Abhörräumen stets präsent und gar nicht zimperlich, auch solche »Beschaffungsmaßnahmen« abzuschöpfen, wie der krude Sprachgebrauch in den administrativen Protokollen lautete.

1990 begab sich der Reporter Matthias Matussek vom Hamburger Magazin *Der Spiegel* aus den USA nach Ostberlin, um die politischen, aber auch die psychosozialen Veränderungen infolge des Mauerfalls hautnah schildern zu können. Er quartierte sich im Palasthotel ein. Seine Erlebnisse mit Schriftstellern und Intellektuellen, der einfachen DDR-Bevölkerung, Politikern und westdeutschen Immobilienhaien faßte er anschließend in einem Buch zusammen, dem er den Titel *Palasthotel Zimmer 6101* gab.[3] Man muß den süffisanten Ton seiner Reportagen nicht unbedingt mögen, um gleichwohl seine Schilderungen des architektonischen Innenlebens des Hotels tauglich und präzise zu finden. Um davon einen Eindruck zu geben, sei hier die Einrichtungsbeschreibung des Titel gebenden Zimmers 6101 zitiert. Die Zimmereinrichtung, die polierten Marmorböden und die braunen Kunstlederfauteuils in der Eingangshalle vermitteln eine Vorstellung von der schwülstigen Atmosphäre des dargebotenen Luxus: »Das Zimmer mußte von einem depressiven Hippiedekorateur eingerichtet worden sein: Blumen, wohin das Auge auch schweifte, Blumenblätter in Matschbraun, Spinatgrün und gedecktem Weiß, Blümchen an den Tapeten, auf der Bettdecke, an den Vorhängen, alles Ton in Ton. Der Clou allerdings war das Bett. Ein rundes Bett. Mit einer Lederkonsole, in die ein Radio und ein Wecker eingelassen waren. Ich hatte noch nie in einem runden Bett geschlafen und überlegte mir, welche westdeutschen Politiker und Industriekapitäne hier schon gefilmt worden waren. Genau ein Stockwerk tiefer lag das Stasizimmer mit seinen Überwachungsmonitoren.«[4]

Architektonisch und städtebaulich besehen aber hatte das Palasthotel noch eine andere Funktion, und es hielt in seiner Figur eine weitere Botschaft parat, die beide für das Verständnis der vom DomAquarée manifestierten Lösung von Bedeutung sind. Das Palasthotel bildete vis-à-vis vom Roten Rathaus und angrenzend an den Palast der Republik einen entscheidenden Teil der Nordwand des für die DDR »Zentralen Orts in Berlin« und damit, wie der Doyen der sozialistischen Architekturkritik in Deutschland, Bruno Flierl, schreibt, ein essentielles Element der »räumlichen Inszenierung sozialistischer Zentralität«.5 Das Wortungetüm signalisiert bereits einen Großteil der Problematik, die darunter verhandelt wird. Zwischen Alexanderplatz im Osten und dem Brandenburger Tor im Westen spielte sich das Drama dieser Inszenierung ab. Hier sollten ausgehend von der Stalinallee, heutige Karl-Marx-Allee über die Karl-Liebknecht-Straße und den alten Lustgarten bis zum Boulevard Unter den Linden und dem Pariser Platz die städtischen Räume für die »fließenden und stehenden Demonstrationen« geschaffen werden, wie es in der Sprache polit-technokratischer Poesie hieß, also die Aufmarsch- und Huldigungsplätze für die Arbeitermassen und ihre zentrale Leitung, das Zentralkomitee der SED der DDR - fügen wir die Genetivketten nicht noch an, mit denen die DDR in die ZK's der Parteien der Sowjetischen Bruderrepubliken hierarchisch eingegliedert wurde.

Rückseitige Vorfahrt des Palasthotels

Der zentralste Raum dieser Inszenierung sozialistischer Zentralität lag auf dem heutigen Marx-Engels-Forum gegenüber dem DomAquarée. Bis zur Errichtung des Palastes der Republik auf der Spreeinsel 1976, teilweise auf dem Grundriß des alten Berliner Stadtschlosses,6 geisterte auch immer wieder der Entwurf eines riesigen, monumentalen Gebäudes für die Staats- und Parteispitze der DDR für diesen Bereich durch die konvulsivischen Planungen des »Zentrumsbandes der DDR« (Bruno Flierl). In einem 150 Meter hohen Hochhaus, mal nach Moskauer und Warschauer Vorbild im sogenannten »Zuckerbäckerstil« mit gewaltigen Eckrisaliten und glasiert von einem Überzug aus Ornamenten, mal in der Moderne des Internationalen Stils gestaltet, sollte sich die Staats- und Stadtkrone des realen Sozialismus manifestieren. Immer noch und immer wieder ein bißchen entgeistert nimmt man heutzutage zur Kenntnis, daß die »sinnstiftende Bedeutung für die Stadtmitte wie für die ganze Stadt vor allem das sogenannte Zentrale Gebäude am Zentralen Platz im System zentraler Straßen und Plätze haben (sollte)« und daß der Straßenzug von der Stalinallee zum Brandenburger Tor als »stadtbaukünstlerische Achse des Zentrums« gesehen und verstanden wurde7 – entgeistert nicht so sehr wegen der sich hier zeigenden zentralistischen Ideologie, die durch die Entwicklung ins historische Archiv gewandert ist, sondern wegen der Verluste infolge dieser Planungsversuche. Denn nicht nur das von Bomben zwar schwer beschädigte, aber durchaus wieder aufbaufähige alte Stadtschloß der Hohenzollern fiel ihnen zum Opfer, sondern vor allem die Berliner Altstadt, die sich justament auf der Fläche des heutigen Marx-Engels-Forums befunden hatte; ein dichtes Gewebe aus Straßen, Gassen, alten Häusern, planiert für die fallible Idee eines Neuen, das sich die Vergangenheit untertan machen wollte. Immer noch ist die Tatsache zu wenig bekannt, daß der weitaus größere Teil der Altbausubstanz des alten Berlins nicht den alliierten Bombern, sondern der Stadtplanung in der Nachkriegszeit zum Opfer fiel; in Ost- wie West-Berlin übrigens gleichermaßen.

Daß diese »Siegerplanung«, vom Auslöschen der vorherigen Epochen geprägt, durchaus auch skurrile Aspekte haben kann, darauf hat der Stadtsoziologe Hartmut Häußermann hingewiesen, als er die Planungen im Zentrum Berlins im historischen Überblick »Vom Kaiserreich bis zur Gegenwart« analysierte. Denn im Kontext der Überlegungen für ein Hochhaus am zentralen Ort wurde auch erwogen, die benachbarten Stadtviertel, also das heutige Quartier des DomAquarée von der Spandauer Straße bis zur Spree sowie das südlich vom Marx-Engels-Forum angrenzende Nikolaiviertel, durch innerstädtische Seen zu ersetzen: »Diese Gestaltung des öffentlichen Raumes ist die größtmögliche Demonstration der Macht des Sozialismus, nämlich ganze Stadtteile abzuräumen und an ihrer Stelle als Dekoration innerstädtische Seen anzulegen. In einer kapitalistischen Stadt wäre eine solche Planung undenkbar, weil es sich bei solch innerstädtischen Flächen in der Regel um höchst wertvolle Gebäude handelt.«[8] Neben das Machtmotiv tritt mit dem Bild der Wasserflächen in der historischen Innenstadt von Berlin jedoch auch ein absurd komischer und eigentlich hilfloser Aspekt, der solche Planungsversuche grundiert.

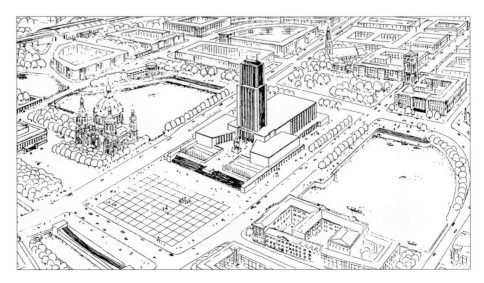

Bernhard Kosel, Entwurf für die sozialistische Zentrale 1958 mit Wasserflächen

Das Motiv einer Machtdemonstration gegenüber der städtischen Bevölkerung und Öffentlichkeit findet sich schließlich auch im architektonischen Typ wieder, der beim Bau des Palasthotels verwendet wurde. Betrachtet man dessen Grundriß auf der topographischen Karte von 1990, so zeigt sich in den beiden Gebäudeflügeln entlang der Spree und der Karl-Liebknecht-Straße sowie dem kurzen Gebäudeflügel entlang der Spandauer Straße deutlich die Gebäudefigur eines Kastells, einer Burg, deren repräsentative Vorfahrt im Inneren des Grundstücks an einem Blumenrondell lag. Sozusagen von hinten, allenthalben unter Ausschluß der Öffentlichkeit wurde das Hotel erschlossen. Dieser Bautyp hatte naturgemäß den Vorzug, daß die Limousinen der Prominenten aus Partei, Wirtschaft und (nicht nur westlichen) Medien äußerst diskret ins Hotel gelangen konnten. Die städtische Öffentlichkeit wurde als unliebsamer Gaffer mit einfachsten Mitteln ausgesperrt. Und es ist nicht von ungefähr, daß die Geheimdienste in aller Welt, nicht nur in der Ländern des ehemaligen Ostblocks, solche Gebäudefiguren bevorzugen. Nur inmitten einer Stadt – ob Hotel oder Büro gleichviel – sind sie gewiß nicht die erwünschte oder zu bevorzugende Bauform. 2001 jedenfalls wurde das Palasthotel abgerissen. Zwar gab es Protest gegen den Abriß. Aber er hatte fast schon einen rituellen Charakter und blieb sehr vereinzelt, fand keine Resonanz. Möglich, daß darin die sozusagen reziproke Antwort auf die zuvor gewahrte Exklusivität des Palasthotels zu sehen ist. Was einem nicht zugänglich war, bei dessen Abriß wird man nicht trauern und heftig protestieren.

←
Luftaufnahme Bezirk Mitte 1991
Von rechts unten: Dom, Spree, Palasthotel, rechts davon Marx-Engels-Forum und Rotes Rathaus, darüber St. Marienkirche und Fernsehturm, dahinter Bahnhof Alexanderplatz

DAS HEILIGEGEIST-VIERTEL
Stufen der Wiedergewinnung eines Stadtraums

Einen »Friedhof versprengter Monumente« hat der Architekturkritiker Michael Mönninger den ausgewaideten Stadtraum genannt, als er die Hinterlassenschaft jener Stadtplanung unter ideologischem Vorzeichen 1996 besichtigte, und festgehalten: »Seit sieben Jahren gehen die wieder vereinten Deutschen durch den in Beton und Asphalt gegossenen Windkanal, der früher die historische Berliner Mitte war. Zwischen Museumsinsel und Alexanderplatz absolvieren sie eine einzigartige Teststrecke der seelischen Belastbarkeit.«[9] Das ist steil formuliert, aber immer noch zutreffend. Denn was alle gelungenen Städte in Italien und England, in Frankreich und Spanien oder Rußland im Inneren auszeichnet, ist eine Art äußerer Innenraum, den sie für das Kollektiv, für die Bevölkerung, für Städter und ihre Besucher schaffen. Jeder kennt das üblicherweise aus dem eigenen Heim, aus den Wohnungen, der privaten Sphäre. Analog dazu müssen im Außen der Stadtplätze und Straßen, der Fassaden und öffentlichen Gebäude Architektur und Stadtplanung dafür sorgen, daß die ungefüge Weite der Stadtflächen mit Häusern und Platzfiguren zu Aufenthaltsräumen »möbliert« werden, die einen urbanen Raum allererst entstehen lassen. Leerräumen und maßstabloses Aufweiten der Flächen erfüllen diese Aufgabe allemal nicht. Und in diesem Sinne waren die Anforderungen an die Berliner Stadtplanung nach dem Mauerfall immens, nicht nur entlang dem Mauerstreifen mit den spektakulären, viel beachteten Bauprojekten wie etwa dem Potsdamer Platz, sondern vor allem im Bereich der gesamten Innenstadt.

Städtebau, das Schaffen und Herstellen von Stadträumen, Quartieren und Vierteln beginnt meist lange, bevor die Architekten ans Werk gehen und mit Kohlestift oder Computer, Schablone oder Phantasie ihre Figuren aufs Papier werfen. Wo und wie der einzelne Architekt für sein Objekt tätig wird beziehungsweise tätig werden kann, das wird vorab und grundsätzlich bestimmt von Lage, Breite oder Verlauf der Straßen, also von der Verkehrsführung, und der Zuweisung öffentlicher Plätze, Parks und Freiflächen. Das ist die hoheitliche Aufgabe der öffentlichen Hand, des Staats, der Stadtregierung. An der Qualifikation des politi-

← *Schrägluftbild der Altstadt von Berlin 1920. Am unteren Bildrand Schloß, Lustgarten und Dom*

schen Personals und der Stadtkommune für diese Aufgabe entscheidet sich daher bereits ein wesentlicher Teil der architektonischen Qualität, die später entsteht. Man kann das als das Olivenbaum-Prinzip der Stadtplanung bezeichnen, das sie intern regiert und steuert. Auch die köstlich bittere Frucht des Olivenbaums kann erst Jahre nach dem Pflanzen des Baums erstmals geerntet werden; je älter die Bäume, desto prächtiger die Ernte und der Geschmack. Der kluge Bauer pflanzt beizeiten. Ähnlich vergeht auch zwischen dem stadtplanerischen Entwurf und der architektonischen Ausführung Zeit. Und man darf es deswegen als einen historischen Glücksfall ansprechen, daß der stadtplanerische Entwurf in Berlin nach dem Mauerfall ein ungewöhnlich qualifiziertes intellektuelles und stadtgeschichtliches Niveau aufwies. Die Berliner Stadtplanung der neunziger Jahre wurde trotz massiven Baubooms weniger von Neuerungswut als von einer Art Rettungslust getragen - ein seltenes Phänomen gerade auf dem Gebiet der Architektur.

Generell wurde nach dem Mauerfall die Geschichte der Stadt Berlin und ihrer einzelnen Quartiere zum Inspirator der Neuplanung. Fast überall und zumal in der Innenstadt wurde den Planungen der historische Stadtgrundriß unterlegt, um das Maß zu finden, in dem sich Gebäude und Hof, Platz und Block, Haupt- und Nebenstraße, Promenaden, Passagen und Passerellen zueinander verhalten. In diesem Griff in die Historie spiegelt sich auch das Schicksal Berlins wider, im Verlauf von mehr als einem halben Jahrhundert immer wieder zum Objekt und Experimentierfeld architektonischer Ideologien des absolut Neuen gemacht worden zu sein. Von der Weimarer Republik über das Dritte Reich bis zur zweigeteilten Stadt mit den auch städtebaulich und keinesfalls nur politisch konkurrierenden Systemen glaubte fast jede Generation, die Stadt neu entwerfen und die historischen Bestände als Verfügungsmasse der eigenen Künste nutzen zu dürfen. Dieser Mentalität widersetzte sich die Stadtplanung in Berlin nach dem Mauerfall. Sie begriff die eigene Arbeit in der Tradition der historisch abgelagerten Bau- und Stadtfiguren.

Der in den neunziger Jahren politisch für die »Vereinigungsplanung« verantwortliche Senatsbaudirektor von Berlin, Hans Stimmann, legte nach turbulenten Anfangsjahren 1996 einen ersten formulierten Entwurf für eine in sich reflektierte Gesamtplanung der Stadt unter dem Titel »Planwerk Innenstadt« vor. Diese Präsentation hat – von heute aus besehen – unbegreiflich heftige, von Unterstellungen und bösartigen

→
*Planwerk Innenstadt,
Senatsvorlage 1999, Gesamtkonzept,
Ausschnitt historische Innenstadt*

Verleumdungen begleitete Reaktionen in der architekturkritischen Öffentlichkeit ausgelöst.¹⁰ Das Planwerk war von zwei Arbeitsgruppen erarbeitet worden, die sich die City West, also das Gebiet des ehemaligen West-Berlin, und die historische Innenstadt untereinander aufteilten. Für die City West zeichneten dabei der Architekturtheoretiker Fritz Neumeyer und der deutsch-österreichische Architekt Manfred Ortner verantwortlich, für die historische Innenstadt dagegen der Stadttheoretiker Dieter Hoffmann-Axthelm sowie der Berliner Architekt Bernd Albers. Seit 1999 ist das Planwerk offizielle Rahmenplanung des Berliner Senats für die Stadtentwicklung Berlins.¹¹

Schwarzplan Lustgarten mit Dom und Schloß, 1939

Es beruht auf einem vergleichsweise einfachen und zurückhaltenden Regelwerk, das auf der Folie des historischen Stadtgrundrisses »straßenständige«, also sogenannte Blockrandbauten in traditioneller Traufhöhe vorsieht. Das Gegenbild zu dieser städtebaulichen Methode waren und sind die Solitärbauten der Moderne des 20. Jahrhunderts, die sich ohne Straßenraumbildung vereinzelt und in Streulage auf dem städtischen Block niederlassen, um dann durch meist überdimensionierte Verkehrsachsen miteinander verknüpft zu werden. Anders als häufig kolportiert wurden in Berlin weitergehende architektonische Regeln – wie etwa Stein- und Lochfassade an den Häusern – nie aufgestellt. Sie waren allerdings nach Maßgabe der handelnden und zeichnenden Architekten durchaus gewünscht. Ein architektonisches Regelwerk in diesem engeren Sinne des Begriffs gab es ausschließlich und lediglich für die Bebauung des Pariser Platzes. Die Parameter des Planwerks aber lagen inhaltlich der Stadtbaupolitik auch schon vor der offiziellen Kodifizierung zugrunde. Und dessen spiritus rector, Hans Stimmann, verglich seine Arbeit als Stadtbaumeister in diesem Zusammenhang gelegentlich einmal mit der Arbeit eines Redakteurs, der am vorhandenen Text der Stadt lediglich Korrekturen und Konjekturen anbringt, sonst aber gehalten ist, den alten Text sorgsam zu bewahren und nur vereinzelt fortzuschreiben. Rücksichtsvoll achte er darauf, die Textur, das grammatische Gewebe der bestehenden Stadt nicht zu verletzen. Gegen die Mentalität der architektonischen Moderne des 20. Jahrhunderts, den »Bruch mit der Geschichte« von Stadt und Hausbau zu provozieren und wie ein Bildhauer die Stadt jeweils neu zu gießen, setzte er auf die »Permanenz des Stadtgrundrisses«. Getragen wird diese Ansicht der Sache von der Überzeugung, daß sich im Stadtgrundriß das »Gedächtnis der Städte«,

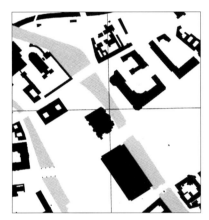

Schwarzplan Lustgarten mit Dom und Palast der Republik, 1990

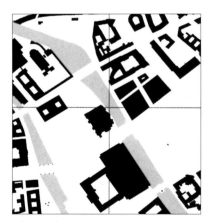

Schwarzplan Lustgarten mit Dom und rekonstruiertem Schloß (Projekt), 2010

mithin ihre Geschichte und Erinnerung manifestierte. »Die Stadt (Berlin) bekennt sich ausdrücklich zu ihrem städtebaulichen und architektonischen Erbe, versucht, sämtliche auch problematischen Aspekte der Vergangenheit zu respektieren und den Modernisierungsprozeß ohne größere Abrisse und Zerstörungen zu absolvieren. Veränderungen werden – frei nach dem österreichischen Architekten Adolf Loos – nur dann erlaubt, wenn sie gegenüber dem Althergekommenen eine Verbesserung bedeuten.«[12]

Verbesserungen gegenüber der unwirtlichen Gegenwart waren in der Innenstadt Berlins allerdings notwendig. Von der Altstadt, vom Ort, an dem die Doppelstadt Berlin-Cölln einst gegründet worden war, war so gut wie nichts mehr erhalten. Die mittelalterlichen Stadtquartiere Molkenmarkt, Spittelmarkt und Fischerinsel sowie der eigentliche Altstadtkern östlich vom Berliner Schloß wurden ja nicht so sehr durch die Bomben des Zweiten Weltkriegs zerstört, sondern erst durch die Abbrucharbeiten in der Nachkriegszeit, teilweise – wie auf der Fischerinsel – noch in den sechziger Jahren. Aber auch die Phasen, in denen Berlin zur Residenz-, später zur Groß- und Kaiserstadt heranwuchs, waren planiert und überzeichnet. Unversehens trat daher die ehemals eigentlich am Rand der Altstadt liegende sogenannte Spandauer Vorstadt um den Hackeschen Markt herum in deren Rolle. Und mit welchem Erfolg, gerade auch bei den Jungen und Dynamischen, die seinerzeit nach Berlin zogen! Fast will man es als Menetekel der Architekturmoderne ansehen, daß nicht nur Stadttouristen aus pittoresken Gründen, sondern vor allem die jungen gesellschaftlichen Eliten sich in den sanierten Altbauten um vieles besser behaust fühlen als anderswo.

Doch jenseits solcher Fragen und über die Eingriffe zu Zeiten der DDR hinaus galt die Altstadt Berlins seit Generationen als »städtebauliches Dauerproblem«, wie der Stadthistoriker Harald Bodenschatz klug und kenntnisreich formulierte.[13] Östlich des ehemaligen Stadtschlosses knüllte sich das mittelalterliche Berlin mit Gassen und kleinen Häuschen, engen Wohnhäusern ohne Kanalisation und Etablissements, die notdürftig in die Reste der Stadtmauern gezwängt waren. »Bordellbetriebe« mit zweifelhafter Hygiene und Auswirkung auf die Nachbarn beschäftigten mehrfach den Stadtrat.[14]

Der entscheidende Eingriff in die städtische Identität des Quartiers fand bereits in der zweiten Hälfte des 19. Jahrhunderts statt.[15] Es war der

Stadtplan von August Orth, der ab 1870 die Idee verfolgte, die Straße Unter den Linden über die Spreeinsel, die heutige Museumsinsel, hinaus zu verlängern. Das gegen Ende des 19. Jahrhunderts infolge der Industrialisierung explosionsartig wachsende Berlin brauchte eine städtebauliche Modernisierung, um den beängstigend werdenden Verkehr in der Innenstadt bewältigen zu können. Gebraucht wurde eine Ost-West-Durchfahrt der Altstadt, die den alten, südlich der Spreeinsel liegenden Straßenzug entlang der Leipziger Straße ergänzen und entlasten konnte. Nach langen Erwägungen und Debatten wurde schließlich 1877–87 zwischen Lustgarten und Schloß die Kaiser-Wilhelm-Straße mit gleichnamiger Brücke, die heutige Karl-Liebknecht-Straße, gebaut. Für diesen Straßendurchbruch mußte einer der ältesten Flügel des Schlosses beseitigt werden. Die Ost-West-Durchfahrt der Altstadt gelang, aber der Preis war vergleichsweise hoch. Der räumliche Zusammenhang von Lustgarten und Schloß sowie die grandiose, von vielen Berlin-Besuchern gepriesene Perspektive auf das Schloß von der schräg darauf zulaufenden Straße Unter den Linden wurden empfindlich gestört, vielleicht sogar zerstört. Gewiß, zur Zeit der Planfassung und seiner Umsetzung gab es noch keine Autos, nur Kutschen, Equipagen und Pferde. Aber heute trennt die mehrspurige Autostraße mit massivem Verkehr die Quartiere. Und der 1884 bis 1905 wie zum Ausgleich dafür mächtig monumentalisierte Dom von Julius Raschdorf vermochte und vermag über diesen Verlust stadträumlicher Kohärenz kaum hinwegzutrösten.

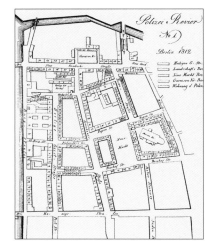

Polizeikarte 1812, Heiligegeist-Viertel ohne Durchbruch Kaiser-Wilhelm-Straße

Die Folgen des Durchbruchs der Kaiser-Wilhelm-Straße auf der östlichen, der Altstadtseite waren enorm. Als eines der ersten Häuser mußte das Hotel de Saxe weichen, das in etwa dort stand, wo heute das Hotel Radisson SAS neu errichtet wurde. Das Hotel de Saxe war ein legendäres Hotel, nicht piekfein, aber kultiviert und von vielen Schriftstellern, Philosophen und Künstlern besucht. Theodor Fontane etwa, der in diesem Teil der Altstadt Berlins seine Apothekerausbildung machte und lange Zeit lebte, besuchte es gern. Die Militärakademie und viele andere Häuser wurden ebenfalls abgerissen. Statt ihrer errichteten die kaiserzeitlichen Architekten Cremer & Wolffenstein neue Kopfbauten mit neobarocken Überkrustungen und mächtigen Eckkuppeln. Gewiß, man muß sich davor hüten, jeden Abriß zu tabuisieren und damit das planierte Alte idyllisch zu verklären. Nach dem Urteil des Schriftstellers Julius Rodenberg hatte die Altstadt von Berlin durchaus keinen hervorragenden Leumund. 1886 schrieb er: »Wie ein Reinigungswerk ist die Demolierungsarbeit der neuen Kaiser-Wilhelmstraße durch die schmutzigsten und verrufensten Quartiere von Alt-Berlin mitten durch gegangen und hat sie niedergelegt.«[16] Bordelle, Eckkneipen und Spelunken gehörten eben auch zur großen Stadt Berlin.

Seinerzeit aber war die Burgstraße endlos lang und verlief von Nord nach Süd entlang der Spree. Abschnittweise wies sie eine repräsentative und nur vereinzelt unterbrochene Front zu Spree und Schloß auf. Die einzige, schmale Verbindung zwischen Altstadt und Schloß bildete die Kavaliersbrücke, ein schmaler Steg in Höhe der heutigen Karl-Liebknecht-Straße; auch dies ein »sprechender« Name im erwähnten Sinne. In der Mitte des Quartiers lag die Heiligegeiststraße, die südlich der Königstraße in die Poststraße überging. Parallel dazu schloß sich die alte Spandauer Straße an, die im Unterschied zu heute allerdings nur halb so breit war, dafür nach der Friedrichstraße eine der längsten Straßen im Herzen Berlins. Zusammen mit der Kaiser-Wilhelm-Straße schließlich wurde nördlich davon auf dem zugeschütteten alten Stadtgraben und der Stadtmauer Berlins die Stadtbahn gebaut, die 1882 fertiggestellt und feierlich eingeweiht wurde. Das Viadukt der Stadtbahn ist nicht nur eine Meisterleistung der Ingenieure, sondern auch der Architektur. In einem großen, flachen Bogen streckt es sich zwischen den Stationen Ostkreuz und Westkreuz wie der lastgebeugte Rücken der Stadt, oft in

→ Kopfbauten Kaiser-Wilhelm-Straße von der Kaiser-Wilhelm-Brücke aus, 1905. Links die Ecke des heutigen Radisson SAS im DomAquarée

← Kaiser-Wilhelm-Brücke um 1900. Links im Hintergrund die alte Nationalgalerie

Backsteinmauerwerk und durchbrochen von Werkstätten, Restaurants, Läden, Boutiquen oder Lagerhallen. Lange Jahre wurde die Stadtbahn in Ost wie West vernachlässigt, weil der Epochengeist die Priorität aufs Auto und die Busse setzte. Heute ist sie an vielen Stellen wieder saniert, renoviert, geflickt und geputzt und zeigt ihr urbanes Gesicht – zumal am Hackeschen Markt.

Der zum DomAquarée gehörende Stadtbahnhof heißt Hackescher Markt. Daß sein Name bis zum Zweiten Weltkrieg Börse lautete, ist wegen der zwischenzeitlichen Benennung Marx-Engels-Platz so gut wie vergessen. Mit jenem Namen aber bezog er sich auf das Quartier, das nun vom DomAquarée her wieder belebt und gefüllt wird. Denn auf dem nördlichen Teil des Grundstücks stand einst der prächtige Bau der Börse mit einem Geschäftslokal, das selbst Nicht-Börsianern wie dem Schriftsteller Franz Hessel Bewunderung abnötigte. 85 Meter lang und üppig ausgestattet, umgeben von Arkaden und versehen mit Galerien, auf denen das Publikum die vereidigten Händler beobachten konnte: »Der erste Sandsteinbau von Berlin, ein Werk Hitzigs, der für das reicher werdende Berlin der 1860er und 1870er Jahre eine Art gediegener Renaissance für Handel und Industrie schuf, die den bescheidenen Klassizismus der letzten Schinkel-Schüler ablöste. [...] Man hätte von den Galerien stundenlang auf dieses Meer von Glatzen, unruhigen Schultern, winkenden Händen niedersehen können, auf die Schicksalszahlen, welche auf den Tafeln sinkend oder fallend wechseln.«[17]

Georg Friedrich Heinrich Hitzig stammte aus einer alten jüdischen Familie Berlins. Sein Urgroßvater Daniel Itzig war im 18. Jahrhundert

Bankier und stand unter dem besonderen Schutz Friedrichs II. Er half ihm erfolgreich bei der Finanzierung des Staatsaufbaus, das hieß vor allem bei der Finanzierung der Heerzüge. Lakonisch brachte der Philosoph Friedrich Nicolai dieses Verhältnis auf die Formel: »Die Juden stehen unter besonderem Königlichen Schutz, wofür sie starke Abgaben geben.«[18] Daß solche Finanzgeschäfte auf Gegenseitigkeit nicht immer im lautersten Sinne abliefen, wußte auch Daniel Itzig. Auf Wunsch und mit Rückhalt Friedrichs II. prägte er »wertgeminderte« Münzen, was ihm natürlich den Betrugsvorwurf seitens seiner Kaufmannskollegen eintrug. Doch erhielt er andererseits wie zum Ausgleich dafür vom König die vollständigen Rechte der christlichen Kaufleute und Bankiers. Er wurde außerordentlich vermögend und kaufte das zwischen Burgstraße und Heiligegeistgasse gelegene große Palais Montargue, das 1718 von Philipp Gerlach für den königlichen Schanz- und Quartiermeister Peter von Montargue gebaut worden war. Itzig erweiterte und verschönerte das barocke Palais und entwickelte es zum Treffpunkt von Philosophen, Schriftstellern und Künstlern, unter ihnen als wahrscheinlich bekanntester Moses Mendelssohn. Dieser Teil Berlins ist die Geburtsstätte der nachmals legendär gewordenen und von der Gesellschaftskultur unserer Tage bewunderten »Berliner Salons« etwa um die freigeistige Rahel Varnhagen von Ense.

Itzigs Sohn Elias Daniel trat zum Christentum über und fügte dem Namen ein »H« hinzu. Mit dem christianisierten Namen wurde die Familie schließlich sogar stadtbildprägend. Der Enkel Georg Friedrich Heinrich Hitzig baute als Schüler Karl Friedrich Schinkels und Absolvent der Bauakademie nämlich nicht nur die Börse auf dem ehemaligen Familiengrundstück in Alt-Berlin, sondern außerordentlich viele Villen und Stadthäuser im damals Neuen Westen, im Tiergarten, westlich des heutigen Potsdamer Platzes um das Diplomatenviertel und die Philharmonie herum. Was als das vornehme, kultivierte Berlin in die kulturhistorische und literarische Erinnerung eingegangen ist, stammte architektonisch zu großen Teilen von Hitzig.

Die Börse selbst wurde von ihm 1859/64 nach einem Architekturwettbewerb errichtet, angesichts des schnellen Aufstiegs von Berlin 1881/84 aber bereits erneut umgebaut und erweitert. Im 19. Jahrhundert war Berlin architektonisch noch weitgehend von Backsteinen und Putzfassaden geprägt; Material, das dem kargen und spröden Landstrich der

Börse Spreefront, Blick nach Süden entlang der alten Burgstraße, 1930

Mark Brandenburg durchaus entsprach. Hitzig aber verwendete als erster den im süddeutschen Raum völlig konventionellen Sandstein. Die Hauptfassade der Börse zeigte mit 16 kannelierten Säulen zur Spree und zum Dom und war reich mit allegorischen Figuren des Bildhauers Reinhold Begas geschmückt. Der Börse fehlte hingegen – glücklicher Weise – architektonisch noch völlig das bräsige Auftrumpfen und neureiche Protzertum des kaiserzeitlichen Neobarock, sie war »gediegen«, wie Franz Hessel notierte, und nicht nur wegen der darin getätigten Geschäfte, sondern auch wegen ihrer Architektur ein viel besuchter Bau. Zeitgenössische Berichte schwärmen von den 192 polierten Granitsäulen, die Galerien und Decke trugen, die Reiseführer priesen den langen Geschäftssaal als »den größten heizbaren Raum auf dem Kontinent« und täglich kamen bis zu 4000 (zahlende) Besucher, um die quirlige Betriebsamkeit der Kursereignisse zu besichtigen. Das Börsengebäude stand, von den Bomben des Zweiten Weltkriegs beschädigt, noch bis in die fünfziger Jahre, bevor es – in der sonderbaren Sprachgebung der damaligen Jahre – »tiefenenttrümmert« wurde und dann dem Palasthotel Platz machte.

Ausgehend von der Börse entwickelte sich das Quartier schnell zum Handelszentrum von Berlin und wurde von außerordentlich expansiven Neigungen charakterisiert. Der Börse fehlten schon bald eine repräsentative Vorfahrt für die Equipagen und Platz zur Erweiterung des Geschäfts. Schon kurz nach dem Bau entspann sich ein über Jahrzehnte gehender Kampf um die benachbarten Grundstücke. Wurde zunächst

Börse, 1901. Im Vordergrund: Friedrichbrücke.

Börsensaal innen, um 1930

nur das angrenzende Heiligegeist-Hospital ins Auge gefaßt, richtete sich die Begehrlichkeit mit der Jahrhundertwende und den ersten Überlegungen, die Industrie- und Handelskammer zu Berlin (IHK) hier anzusiedeln, auf den gesamte Block zwischen Spree und Spandauer Straße. In den zwanziger Jahren wurde schließlich die Entscheidung getroffen und ein Plan aufgestellt, die kaum zwanzig Jahre alten Gebäude von Cremer & Wolffenstein durch moderne Bürogebäude für die IHK zu ersetzen. Der dann vor allem in den dreißiger Jahren unter Albert Speer verfolgte Stadtplan sah entlang der Kaiser-Wilhelm-Straße eine monumentale Ost-West-Achse mit IHK, Museum und neuem Postgebäude für die Telefonabrechnung vor, den Planzeichnungen zufolge ein Pendant zu Speers »Germania«-Planung mit der ebenso monumentalen Nord-Süd-Achse, die vom Potsdamer Platz aus bis weit über das heutige Regierungsviertel gereicht hätte. Und exakt dort, wo heute das Hotel und das große Bürohaus des DomAquarée stehen, wurde der Bauplatz für die IHK 1938 bereits vorbereitet.[19]

Doch trug das Quartier im Volksmund seinen Namen nicht nach der Börse, sondern von alters her nach der Heiligegeist-Kapelle, die heute durch den kleinen, abgesenkten Heiligegeistkirchplatz des DomAquarée wieder in ihrer Lage und Bedeutung betont wird. Sie ist eines der ältesten Bauwerke Berlins, urkundlich erwähnt erstmals 1272, aber aus den Feldsteinen der Sockelmauern ist zu schließen, daß sie weit früher gebaut sein muß. Das spätgotische Sterngewölbe im Inneren, das gegenwärtig restauriert wird, stammt aus den Jahren um 1475. Von 1655 bis 1703 diente die Kapelle als Garnisonskirche von Berlin, und noch bis 1905 fanden hier Gottesdienste statt. Sie gehörte zum Heiligegeist-Hospital, dem seit je die städtische Armenpflege oblag. Hier wurden Mittellose, Fremde und Menschen ohne Anhang versorgt und gegebenenfalls bis zum Tod gepflegt. Hospital und Kapelle werden auf den ältesten Stadtplänen Berlins (Johann Gregor Memhardt, 1652) unter sehr wenigen anderen Gebäuden namentlich erwähnt und figürlich gezeichnet. Auf dem zugehörigen Friedhof des Hospitals standen drei Linden, die als Wahrzeichen Berlins in allen alten Beschreibungen der Stadt erwähnt werden. Sie waren so alt und groß, daß ihre Äste gestützt werden mußten. Hospital und Kapelle lagen seinerzeit unmittelbar an der Stadtmauer und dem nördlichen Spandauer Tor, das heute in etwa durch den Bahnhof Hackescher Markt markiert wird.

1825 wurde das alte Hospitalgebäude abgerissen und durch einen zweistöckigen Wohnbau ersetzt. Der wiederum mußte dem wachsenden Berlin der Kaiserzeit 1905/06 weichen, als die Architekten Cremer & Wolffenstein das heute noch an die Kapelle angrenzende Gebäude errichteten. Hier wurde nun nicht mehr gewohnt, sondern Betriebswirtschaft unterrichtet. In diesem Gebäude war die erste Handelshochschule von Berlin, wissenschaftsgeschichtlich der Gründungsort der universitären Betriebswirtschaftslehre, untergebracht. Seit dem Mauerfall wird das Gebäude von der wirtschaftswissenschaftlichen Fakultät der Humboldt Universität genutzt, die Kapelle dient ihr als Vorlesungssaal.[20]

Übrigens grenzte seinerzeit an die Börse ein Gebäude, das 1886 als »Warenbörse« errichtet wurde, doch damit nicht reüssierte. Dafür zog der »Feenpalast« ein, ein beliebtes Amüsierlokal, in dem Ausstellungen, Konzerte und »Spezialitäten-Theater« gezeigt wurden. Neben frivolen »Lebenden Bildern« aus mehr oder minder nackten Frauen wurden hier eine Zeitlang die »Weltmeisterschaften im Ringen« veranstaltet. Ob man sie schon zu den »Spezialitäten des Theaters« zählen darf, ist vielleicht fraglich, aber nach Lage der Dinge und Art des Spektakels auch nicht ausgeschlossen. Darüber hinaus jedoch residierte in unmittelbarer Nachbarschaft auf dem Grundstück zwischen Stadtbahn und Friedrichsbrücke lange Jahre der Circus Busch, der zu den beliebtesten Vergnügungsstätten des alten Berlin zählte. Offensichtlich also gehörte neben dem Handel die allgemeine populäre Unterhaltung zum historischen Charakter des Quartiers.

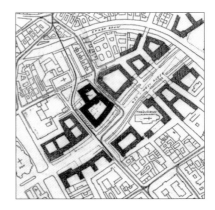

Schwarzplan der Ostachse 1941. Die L-förmige Industrie- und Handelskammer markiert das heutige Gelände des DomAquarée.

←
Entwurf für die Industrie- und Handelskammer an der Ostachse von Schwebes/Ullrich, 1939

DAS DOMAQUARÉE: STÄDTEBAU

Heiligegeist-Kapelle

Just im Schatten der Heiligegeist-Kapelle auf dem kleinen, abgesenkten Quartiersplatz steht heute der Grundstein des DomAquarée, eine glänzend polierte schwarze Granittrommel mit der Aufschrift:

Jahwe ist sein Name.
Wasser: Quelle des Lebens.
Er ruft das Wasser des Meeres und gießt es über die Erde.
Grundstein DomAquarée 22.02.2002.

Das Datum gibt den Baubeginn an, nachdem der Abriß des Palasthotels 2001 beendet war. Nicht im geometrisch strengen Sinne, wohl aber in dem der stadträumlichen Orientierung markiert er den Punkt, in dem die leicht ins Rhombische verschobenen Kraftlinien des heutigen Stadtgrundrisses zusammenlaufen. Von hier aus öffnet sich die St. Wolfgang-Straße mit einer Allee dressierter Lindenbäume zur Spree, an der Tagesklinik entlang sieht man ein Stück weit in die Spreegasse hinein und ein paar Schritte entfernt mündet die Heiligegeistgasse, die mitten durch das DomAquarée zur Karl-Liebknecht-Straße führt. Die Straßen und Gassen geben dem Quartier das städtische Gerüst, erschließen die öffentlichen Räume und grenzen die Baufelder für die Hochbauten ein.

Oft beklagt, endet die Heiligegeistgasse an der St. Wolfgang-Straße. Sie setzt sich durch den Neubau des Spreepalais[21] hindurch nicht zur heutigen Burgstraße fort. Vom Bewegungsablauf wäre das ebenso natürlich wie von der Zeichnung städtischer Räume her wünschenswert, auch wenn das nicht dem historischen Stadtgrundriß entspräche, zumindest nicht dem, wie er seit der Jahrhundertwende nach Ansiedlung der Börse und der Entwicklung zum Handelszentrum von Berlin überformt wurde. Spätestens seit Gründung der Handelshochschule 1906 war die ältere Straßenführung aus dem Stadtgrundriß gestrichen. Doch wäre sie natürlich ohne weiteres wieder einzuführen gewesen. Diese Abschneidung des Quartiers aber liegt nicht in der Verantwortung des Architekten Sergei Tchoban und ebenso wenig in der seiner Bauherrin, der DIFA.

Beide haben die Grundstücksgrenzen nicht willkürlich gezogen und an dieser Stelle eine Straße gekappt. Die Straßenführung erklärt sich vor allem aus den Kalamitäten und Wirrnissen des Berlins der frühen neunziger Jahre, in denen Immobilienwirtschaft und städtebauliche Politik zum Trommelwirbel des Vereinigungsbooms nach dem Mauerfall eine ach Tarantella tanzten. Nachträglich besehen sind diese Ereignisse, gerade auch auf das Quartier des DomAquarée bezogen, ein Lehrstück der Borniertheit und der verpaßten Chancen. Sie sollen in aller Kürze berichtet werden, da sie für das stadträumliche wie architektonische Verständnis des DomAquarée von Bedeutung sind.

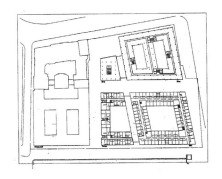

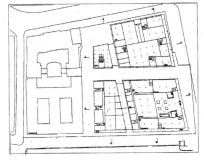

*Volker Martin / Karl Pächter
Masterplan mit Bauvorbescheid,
Palasthotel am Dom, 1993*

Für die städtebauliche Politik hatte der Mauerfall 1989 in Berlin eine ähnliche Wirkung, als wenn aus einem komplexen elektrischen Leitungssystem ein Stecker gezogen oder den Hauptschalter abgedreht wird. Für den Zeitraum weniger Jahre gab es in Berlin einen baurechtlichen Blackout, der mit dem sogenannten Notfallparagraphen 34a des Baugesetzbuches unter Kontrolle gehalten werden sollte. Zwei unterschiedliche Verwaltungsorganisationen und zwei unterschiedliche Eigentumsordnungen mußten innerhalb kürzester Zeit zusammengeführt werden. In der DDR gab es zumal in den prominenten innerstädtischen Lagen kein Immobilien- und Grundeigentum von Privatleuten. In West-Berlin (und der Bundesrepublik) fußte die Rechtsordnung und ein großer Teil des Wirtschaftssystems auf eben dem Eigentum an Grundstücken und Immobilien. Beide Systeme waren diametral entgegengesetzt und folgten in der Verwaltungsorganisation gänzlich anderen Paradigmen und Anweisungen. Erst mit dem Inkrafttreten des neuen, auf die vereinigte Stadt bezogenen Flächennutzungsplans (FNP) 1993 wurde wieder eine baurechtliche Grundlage für Architektur und Städtebau geschaffen, mit der sich die Situation im Sinne eines demokratisch über die Bezirks- und Stadtverwaltungen regulierten Verfahrens normalisieren konnte. Nur traten jetzt die in diesem komplexen Regelsystem üblichen Kompetenzstreitigkeiten und politischen Konflikte zwischen den Bezirksverwaltungen und der übergeordneten Senatsbauverwaltung von Berlin auf. Sie richteten sich nach parteilicher und ideologischer Zugehörigkeit, hatten ihre Hintergründe und Ursachen oft nicht in der Sache, sondern in der parteipolitischen Kulisse. Dem demokratischen Brauch gemäß war die Senatsbauverwaltung den Bezirken gegenüber kaum weisungsbefugt, die ihrerseits zum Teil eifersüchtig auf ihre Kompetenzen pochten, wenn es um Art und Muster von Nutzung und Bebauung auf ihrem Gebiet ging. Gleichwohl hatte die Senatsbauverwaltung insgesamt die Verantwortung zu übernehmen. In den fürs Quartier DomAquarée entscheidenden Jahren wurde der zuständige Bezirk Mitte von der PDS, der demokratischen Nachfolgepartei der SED, regiert, während der Berliner Senat von einer großen Koalition aus SPD und CDU gebildet wurde.

In den Grau- und Dunkelzonen der Zwischenzeit aber dirigierten die wirtschaftlichen Interessen und Potenzen den Ablauf, das heißt, mehr oder minder finanzstarke oder im Beziehungsgeflecht gut plazierte Gruppierungen erwarben Eigentum an Grundstücken und Immobilien. In der aufgeheizten und unübersichtlichen Situation kaufte die Bauträgergesellschaft Trigon GmbH aus Berlin 1991 sämtliche Interhotels der DDR, zu denen auch das Palasthotel samt Grundstück gehörte. Die Trigon beauftragte das Berliner Architekturbüro Volker Martin/Karl Pächter 1992 damit, einen Masterplan für das Areal des Palasthotels zu entwickeln. Er sollte in zwei Bauabschnitte gegliedert werden. Im ersten Bauabschnitt war vorgesehen, das im Rücken des Palasthotels zur Friedrichsbrücke und heutigen Burgstraße gelegene freie Grundstück zu bebauen, und im zweiten Bauabschnitt sollte dann zu einem späteren Zeitpunkt das zur Karl-Liebknecht-Straße gelegene Palasthotel folgen. Der Abriß, so viel war nach der ersten Analyse schnell klar, mußte erfol-

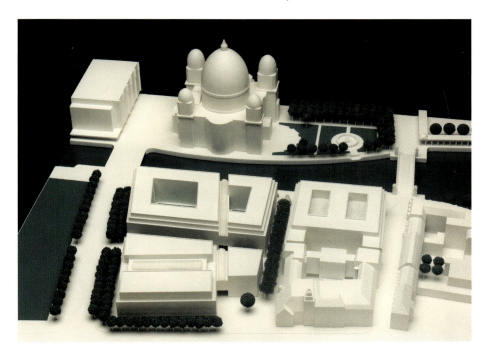

→
Volker Martin/Karl Pächter
Modell 1993

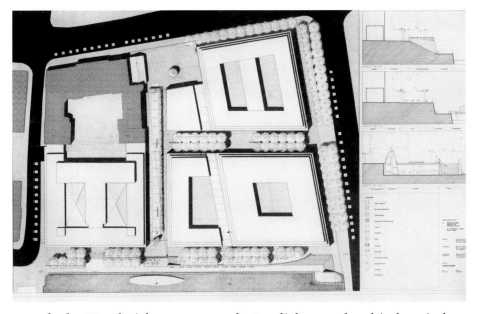

← Grünplanung DomAquarée, Vorentwurf, Müller/Wehberg 1993

gen, da das Hotel nicht nur aus stadträumlichen und architektonischen Gründen bedenklich war, sondern betriebswirtschaftlich aus sich heraus auch nicht rentabel funktionieren konnte. Dennoch wurde es zunächst sogar mit erheblichem Aufwand saniert. Martin + Pächter ihrerseits aber orientierten sich beim städtebaulichen Entwurf für das Quartier am historischen Stadtgrundriß, d.h. sie führten die Heiligegeiststraße gemäß der historischen Pläne wieder ein und beabsichtigten, sie im nördlichen Grundstücksteil als überdachte Passage weiterzuführen, um damit die Öffnung, die in Fachkreisen sogenannte »Durchwegung«, des Quartiers zu ermöglichen.

Nur hatte sich die Trigon mit dem Kauf der Interhotels wirtschaftlich überhoben. Wie seinerzeit mehrere andere große Bauträgerfirmen auch geriet sie in dramatische finanzielle Schwierigkeiten und mußte versuchen, ihr Überleben durch Notverkäufe zu sichern. Da der städtebauliche Entwurf von Martin + Pächter für das Palasthotel aber bereits durch die Bezirksverwaltung genehmigt worden war (Bauvorbescheid), war das gesamte Areal von der Karl-Liebknecht-Straße bis zur Burgstraße im Finanzwert enorm gestiegen. Die Trigon verkaufte es 1994 in einem spektakulären Coup, allerdings aufgeteilt in zwei Grundstücke an zwei Firmen, nämlich an die DIFA in Hamburg das südliche Grundstück mit dem Palasthotel und an die Immobilientochter des Deutschen Sparkassenverbandes (DESPA) in Frankfurt am Main den nördlichen, unbebauten Teil; Präsident des Sparkassenverbandes war damals übrigens der heutige Bundespräsident Horst Köhler. Nicht verbindlich in die Verkaufsverträge hineingeschrieben wurde die von Martin + Pächter lediglich als architektonische Absicht in die Pläne gezeichnete Passage, mit der die Heiligegeistgasse zur Burgstraße verlängert werden sollte. Sie wurde beim Neubau des Spreepalais durch die Frankfurter Architekten NHT (Nägele, Hofmann, Tiedemann) nicht realisiert. Dagegen besaß das südliche Grundstück mit dem Palasthotel ein städtebauliches Konzept, das behördlich gebilligt war und auf die architektonische Realisierung wartete.[22]

In dieser Situation beauftragte die DIFA den Architekten Sergei Tchoban, Partner des Hamburger Büros nps tchoban voss, einen architektonischen Entwurf für das Grundstück vorzulegen. Tchoban hatte zum Zeitpunkt seiner Beauftragung nur noch marginalen Einfluß auf die städtebauliche Konzeption. Die behördlich genehmigte Auslastung des Grundstücks sowie das städtebauliche Grundmuster waren festgeschrieben, bevor er zum Zeichenstift griff. Tchoban mußte von vornherein im engeren Sinne architektonisch agieren. Die Hauptmotive seines Entwurfs waren daher das Wasser sowie die Architektur dessen, was man die Ästhetik des »festen Hauses« nennen kann, eine Variation der steinernen Fassade.

→ Entwurfszeichnung DomAquarée, Heiligegeistkirchplatz, Sergei Tchoban

*Seite 34/35: DomAquarée von der Karl-Liebknecht-Straße, Einblick in die Heiligegeistgasse
oben: Jeppe Hein, Interaktiver Springbrunnen: »Changing Invisibility«*

Einblick in die Heiligegeistgasse von der Karl-Liebknecht-Straße mit den Stelen des Bildhauers Stephan Balkenhol

← Seite 33/39: Hotel und Appartmenthaus von der Spreeseite aus.
oben: Hotelfassade, Ausschnitt

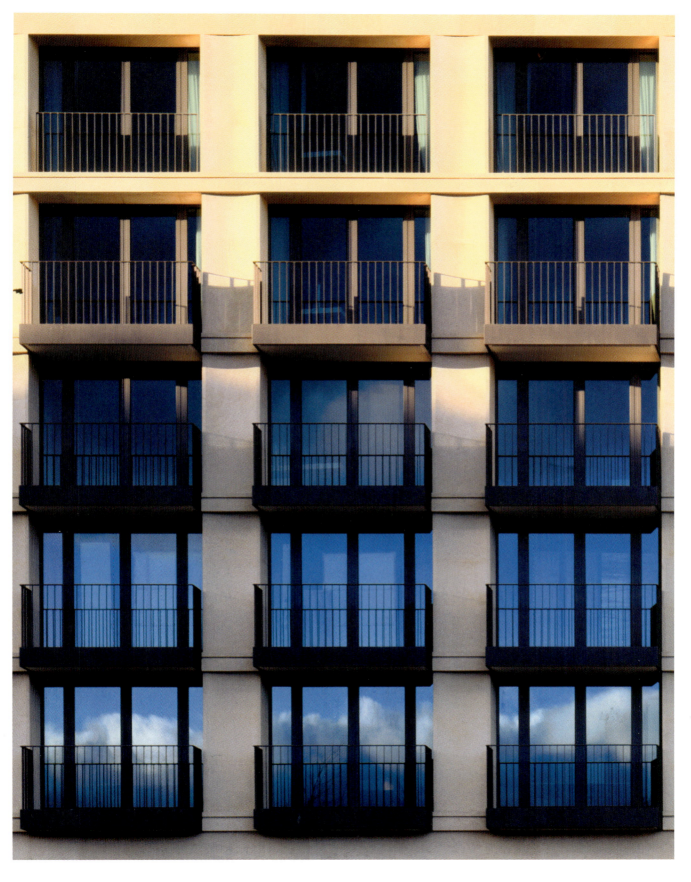

Hotelfassade im Abendlicht

Hotelfassade Ecke Spree und Karl-Liebknecht-Straße

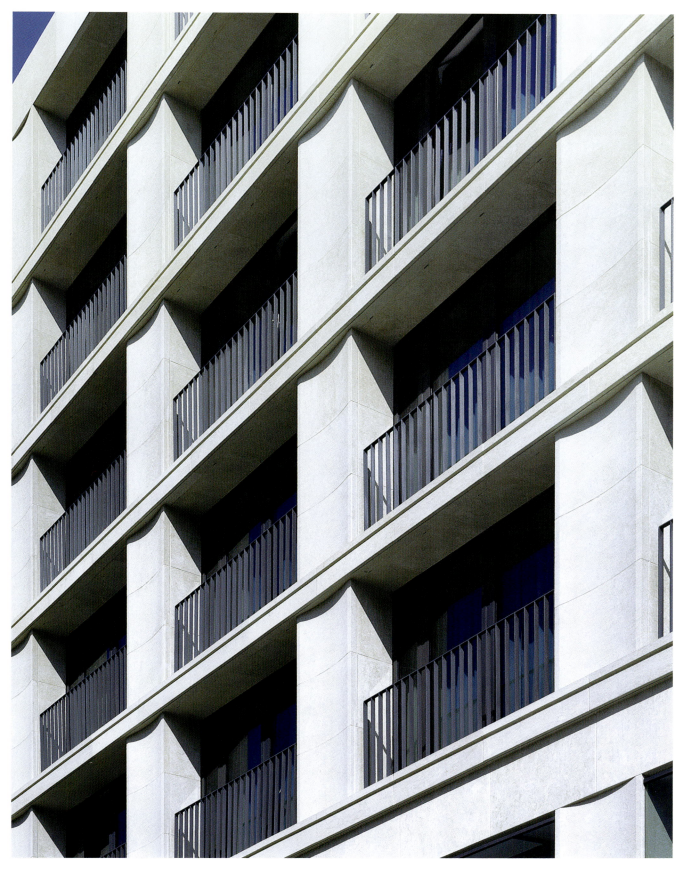

Hotelfassade, Ausschnitt

Spreegasse – Konferenzbereich Hotel

Aufzugsvorraum und Bar im Wellness-Bereich des Hotels

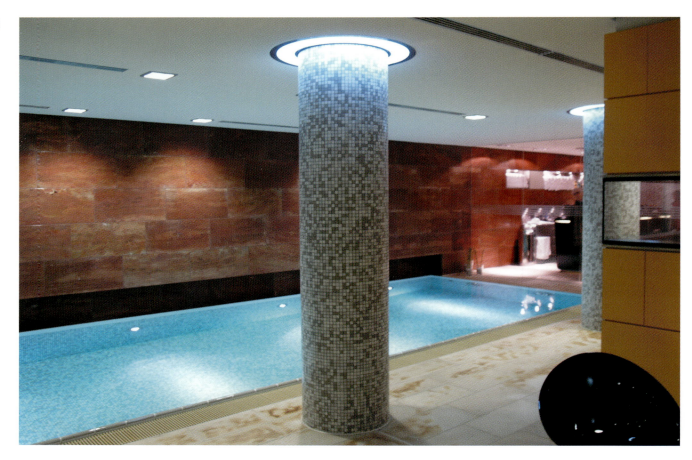

Swimmingpool im Wellnessbereich des Hotels

Lichtspiele Zugang Wellnessbereich und Aqualounge im Hotel

Ruhezone Wellnessbereich im Hotel

Blick durch ein Appartment

Foyer mit Treppenaufgang Appartmenthaus

Fassadenausschnitt Appartmenthaus

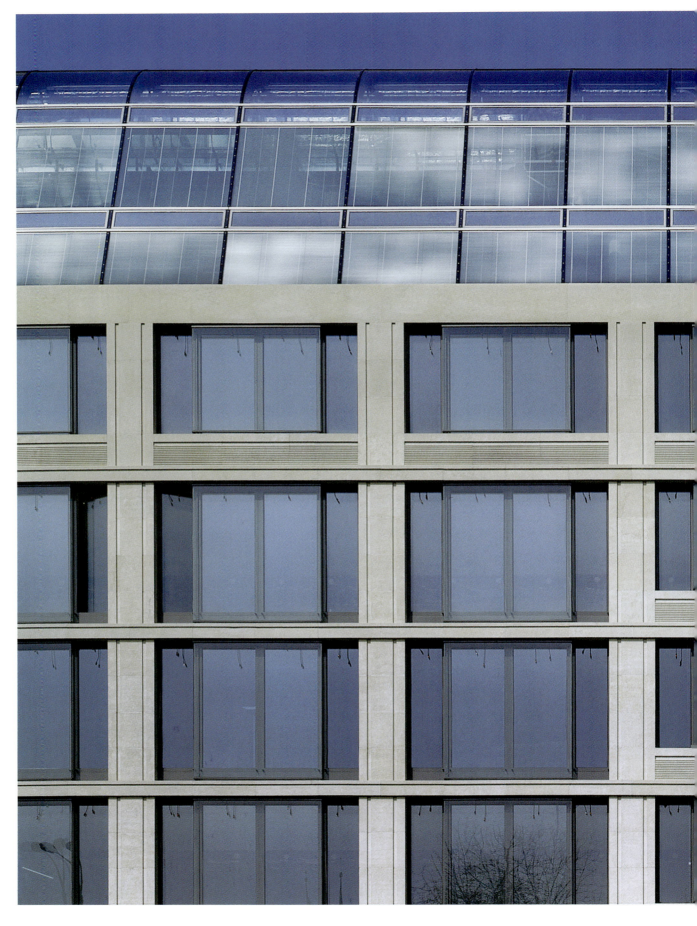

←
Seite 52/53: Großes Bürohaus, Ecke Spandauer Straße
oben: Portal Großes Bürohaus, Karl-Liebknecht-Straße

Portal Großes Bürohaus, Blick auf die Karl-Liebknecht-Straße

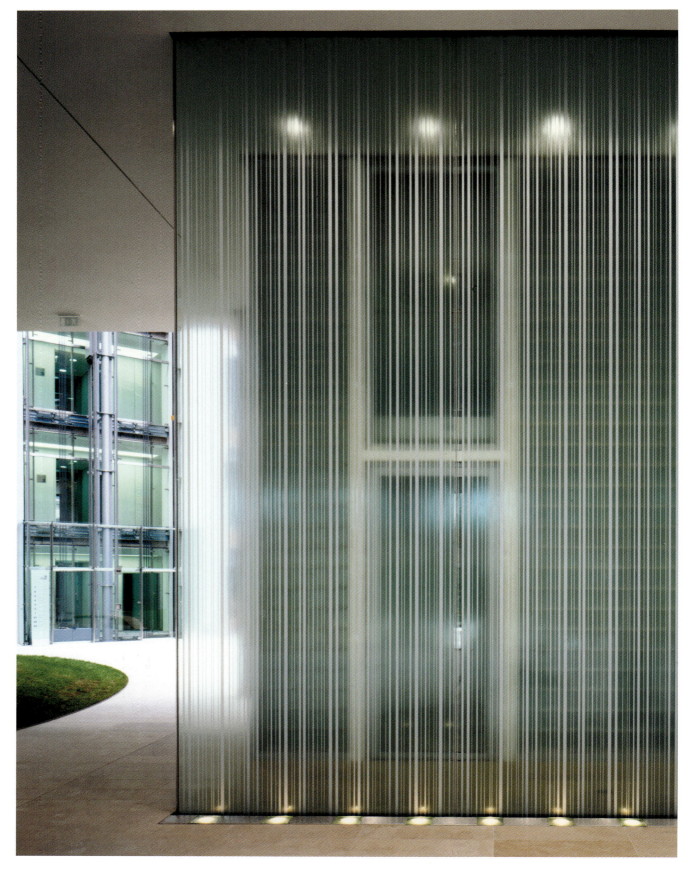

Wasserwand, Atrium Großes Bürohaus

Atrium Großes Bürohaus

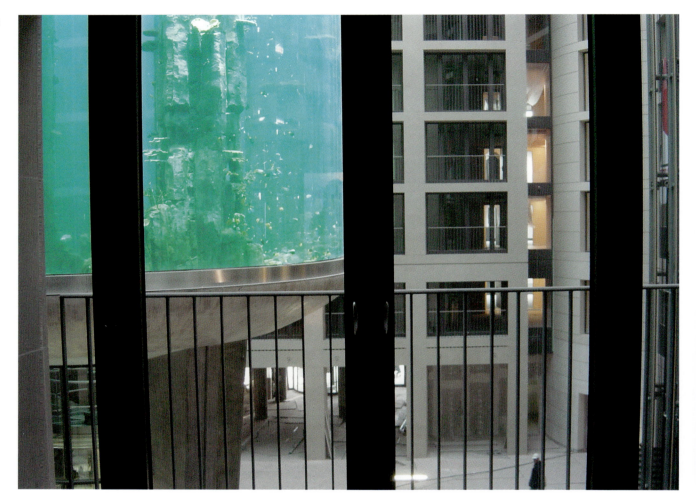

AquaDom, Blick vom Hotelfenster

Aquadom, Zugang zum Fahrstuhl

Seite 60/61: Kopf des Aquadom mit Foliendach
oben: Blick in den Aquadom

Panoramaaufzüge im Atrium des Hotels

Lichtspiele im Foyer des Hotels

DAS DOMAQUARÉE: ARCHITEKTUR

Ausschnitt Fassade Kleines Bürohaus

Fassadendetail

Immer wieder muß man ja darauf hinweisen, daß es heute keineswegs mehr selbstverständlich ist, Häuser und Gebäude aus Stein vor Augen zu haben. Die Grundelemente des Architektonischen seit beinahe unvordenklichen Zeiten sind ins Wanken oder zumindest in Verruf geraten. Die Moderne hat im Verlauf des 20. Jahrhunderts so gut wie alle Materialien vom Stahl über Glas bis Plastik für den Hausbau zu nutzen versucht. Und gelegentlich scheint gerade das älteste, der Stein, dabei unter ideologischen Generalverdacht geraten zu sein. Metalle und industrielle Produkte wie Glas sollten ihn ersetzen. Was jahrhundertelang als Sonderspiel für bestimmte Anlässe und Zwecke genutzt wurde – Zelte und dem taumelnden Flug von Schmetterlingen (papillons) nachgebildete reisefertige Pavillons, luftige Regen- und Flugdächer – wurde zu den geheimen Vorbildern der modernen Architektur des vergangenen Jahrhunderts. Gewiß, gerade in Deutschland spielte auch die unselige Gigantomanie, die von den Nazis in den dreißiger Jahren mit ihrer »gebauten Weltanschauung« betrieben wurde, bei der moralischen Disqualifizierung des Steins eine Rolle. Die unmittelbaren Nachkriegsjahrzehnte in der Bundesrepublik waren von dieser ästhetischen Stigmatisierung der Architektur beherrscht. Und erst der Mauerfall brachte mit den städtebaulichen Aufgaben in Berlin in diesen Fragen eine Relativierung – oder soll man sagen: eine Normalisierung?[23]

Allenthalben dominierte die Frage nach Glas oder Stein an den Häusern die architektonische Debatte der mittleren neunziger Jahre, wobei dem Glas in der Annahme, es sei immer und vor allem »durchsichtig«, das ideologische Etikett der »demokratischen Transparenz« zugemessen wurde, während der Stein selbstredend für die autoritären, finsteren, geschlossenen, symbolisch für die »undemokratischen Gesellschaften« stand.[24] Diese in der öffentlichen Debatte zugewiesenen Antithesen und Deutungen halten – fast möchte man sagen: natürlich – keiner Überprüfung stand. Sie sind oberflächliche Ideologien. Daß steinerne Häuser luftig, leicht und transparent im wörtlichsten Sinne sein können, kann man vortrefflich am Neubau des Kanzleramtes im Spreebogen von den

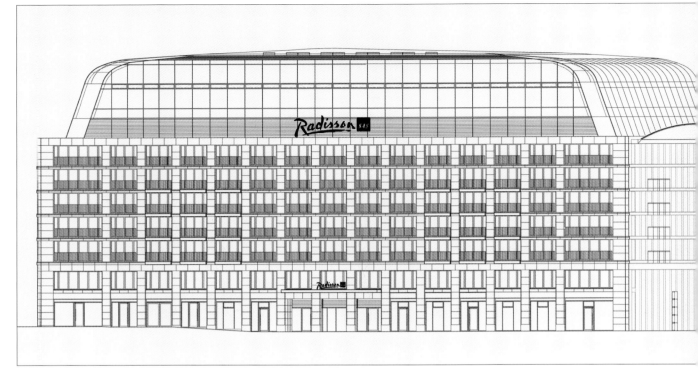

Architekten Axel Schultes und Charlotte Frank überprüfen.[25] Umgekehrt: wie schwarz, abweisend und undurchsichtig Glas an einem Haus tatsächlich sein kann, ist immer wieder gut an den Galeries Lafayette des französischen Architekten Jean Nouvel in der Friedrichstraße, Ecke Französische Straße, von 1996 zu beobachten – üblicherweise und tagsüber zeigt das Haus eine hart polierte Undurchdringlichkeit. Nur nachts könnte es ein diaphanes Haus sein, wenn es von innen beleuchtet wäre. Dennoch ist es deswegen natürlich keine schlechte Architektur – nur haben auch architektonische Ideologien kurze Beine.

Sergei Tchoban wählte Stein als Material der Fassaden am DomAquarée. Mit seinen beiden gewölbten Glasdächern zur Karl-Liebknecht-Straße scheint es gleichwohl einen freundlich spielerischen Gruß zu Jean Nouvels Galeries Lafayette hinüber in die Friedrichstraße zu schicken. Doch unterhalb der signifikanten Dachlandschaft entschied Tchoban sich für einen starken, bis zu sieben Zentimeter dick aufgebrachten Kalkstein namens Bateig Blanca und Azul aus Alicante, Spanien. Er richtete sein Augenmerk auf die subtile Variation der Proportionen und Farben, des Rhythmus und der Oberflächenbehandlung an den vier Hauskörpern. Die beiden zur Karl-Liebknecht-Straße liegenden Gebäude, das Hotel und das große Bürohaus, sind mit dem creme-

Fassadenansicht Hotel und Großes Bürohaus von der Karl-Liebknecht-Straße

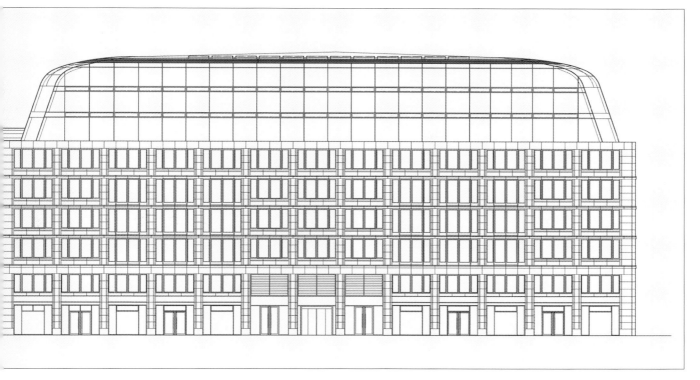

weißen Bateig Blanca bekleidet. Aber Befensterung, Schmuck, Oberfläche und Rhythmus unterscheiden sich. Am Hotel entspricht eine Fensterachse der Zimmerbreite (vier Meter). An den Ecken sind jeweils zwei Fensterachsen zusammengefaßt, so daß sie jene optisch verstärken. Korrespondierend dazu stehen an allen vier Seiten als angedeutete Risalite jeweils zwei Gruppen mit zwölf Balkonen oberhalb des Sockels und flankieren die geometrische Mitte des Hauses. Der Sockel wiederum wird durch das höhere Format der Schaufenster sowie breitere Gesimsbänder betont und durch ein liegendes Fensterband abgeschlossen. Tchoban erzielt den Effekt durch bündig eingepaßte Glasscheiben, die als Lärmschutz vor den eigentlichen Fenstern liegen. Oberhalb des Sockels sind die Fenster hinter die Fassade zurückgesetzt, um aus dem Licht- und Schattenspiel Tiefenwirkung zu gewinnen. Die balkonfreien Hotelfenster sind durch einfache stählerne Gitter geziert. Zudem sind beim Hotel alle Pfeiler konkav gehöhlt, »aus dem Vollen gefräst«, wie Tchoban gerne anmerkt, da diese Oberflächenbehandlung am fertig geschnittenen Steinmaterial vorgenommen wurde.

Im Vergleich zur Hotelfassade wirkt die des großen Bürohauses flächiger, gleichmäßiger, ebener. Hier sind die Pfeiler nicht gehöhlt, sondern eben. In sie sind dafür je zwei vertikale Nuten (Schattenfugen)

Säulen im Rohbau des Spreecafés

gefräst. Das großflächige Erscheinungsbild aber resultiert vor allem aus dem anderen Fensterrhythmus, der sich gleichmäßig an allen Seiten aus den – im Vergleich zum Hotel – fast doppelt so breiten Fenstern ergibt; es sind 13 Fensterachsen statt der 15 am Hotel. Die Tiefenwirkung erzielt Tchoban wiederum durch die Gestaltung der Fenster. Bei ihnen handelt es sich um Kastenfenster mit je zwei hinter die Fassade zurückgenommenen seitlichen Fensterflügeln, die geöffnet werden können. Als gestalterisches Motiv werden sodann die Fensterbrüstungen genutzt. Auch in sie ist – diesmal horizontal – eine Nut gefräst. Im Attikageschoß laufen die Brüstungen als Band über die gesamte Breite des Gebäudes, in den drei darunterliegenden Geschossen sind sie an den Stellen, die am Hotel mit Balkonen versehen sind, ausgesetzt, wirken also gleichsam wie »negative Risalite« und treten damit in ein subtiles Spiel zwischen Hotel- und Bürohaus ein. An je drei Achsen sind dafür die Fenster geschoßhoch verglast. Der Effekt ist wiederum die Betonung sowohl der Ecken wie des zentralen Portals, das in die Innenwelt des Bürohauses führt. Dieses betonen zusätzlich zwei mächtige Stützen an der Karl-Liebknecht-Straße. Sie öffnen das Haus zu den sanft ansteigenden breiten Treppenläufen, zwischen denen Wasser hinunterrinnt, während der Besucher hinaufsteigt. Hinter die Stützen ist eine Glastür gesetzt – bedauerlicherweise. Tchoban variiert hier nämlich – vielleicht ungewollt – ein berühmtes Motiv der Architektur, die Eingangshalle des Alten Museums von Karl Friedrich Schinkel auf der Museumsinsel nebenan. Hier wie dort gelangt der Besucher durch die Stützen respektive die Säulenwand in einen halb-öffentlichen Vorraum; der Museumsbesucher in die sogenannte Stadtloggia Berlins, bevor er in die Schatzkammern der Kultur eintritt. Naturgemäß ist es bei Tchobans Bürohaus der Vorraum gewerblicher Umtriebe und Geschäfte. Gleichwohl könnte sich hier ein öffentlicher Raum ergeben, der für die Städter, für Berliner wie für ihre Besucher auch außerhalb der Bürozeiten und Geschäftszwecke im engeren Sinne nutzbar wäre, wären da nicht die Glastüren am Eingang.

Aus dem spanischen Kalkstein Bateig Azul, also in grau sind die Fassaden des kleinen Bürohauses am Heiligegeistkirchplatz sowie des Appartmenthauses an der Spree. Dabei deckt sich die Behandlung der Steinflächen mit vertikalen und horizontalen Schattenfugen beim grossen und kleinen Bürohaus, nur daß bei letzterem einfache Isolierglas-

←
Modulation der Fassaden
Oben: Hotel, Kleines Bürohaus
Unten: Großes Bürohaus, Appartmenthaus

fenster mit Stahlrahmen im stehenden Format hinter die Fassade gesetzt sind und die Brüstungen zu den Stützen umgedreht werden. Hervorzuheben ist das große zweigeschossige Foyer des Eingangs.

Deutlich unterschieden von den anderen drei Gebäuden wiederum ist die Fassadengestaltung des Appartmenthauses an der Nordwestecke des DomAquarée. Es ist ein Gebäude auf U-förmigem Grundriß, das sich um einen kleinen grünen, nach Süden zeigenden Innenhof stellt. Die Treppenhäuser und Aufzüge liegen in den inneren Ecken des Gebäudekörpers und sind in Halbtonnen gefaßt. Der Vorzug dieser Anordnung liegt nicht nur in der Gliederung der Hoffassade, sondern erweist sich auch auf den Vorplätzen zu den Wohnungen. Sie haben durch die vertikalen Fensterbänder neben den Aufzugstürmen eine direkte, natürliche Belichtung sowie abschirmende und sich ausbuchtende Räumlichkeiten auf den Gängen. Die stereotype Anlage von Gang und Tür ist vermieden, dafür Platz und Weg zur Wohnung geschaffen. Ähnliche Sorgfalt wurde übrigens auch auf die Standardausstattung der Wohnungen verwendet. Dem Niveau der Wohnlage gegenüber Dom und Lustgarten, Museumsinsel und Alter Nationalgalerie gemäß sind schwere Hölzer als Bodenbelag sowie an den erforderlichen Stellen Schiebetüren und matte Glaswände eingebaut.

Hervorstechendes Merkmal der Fassade jedoch sind, man möchte sagen: naturgemäß, die Balkone, die zur St. Wolfgang-Straße in zwei Gruppen deutlich auskragen. Sie sind aus Sichtbeton, der sich in seiner Farbe dem Kalkstein der Fassade angleicht, und von gehöriger Breite und Tiefe, keine bloßen Austritte mit Platz für einen Gartenstuhl. Nach Westen, zur Spree hin, gibt es drei Gruppen, wobei in der mittleren Gruppe für die dahinterliegenden Maisonettewohnungen zwei Balkone ausgespart wurden. Breit lagern sich die schweren Drehschwingen der

Fassadenansicht Kleines Bürohaus und Appartmenthaus von Norden

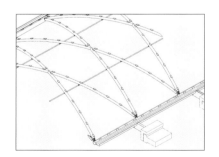

Foliendach Passage Heiligegeistgasse, Konstruktionszeichnung

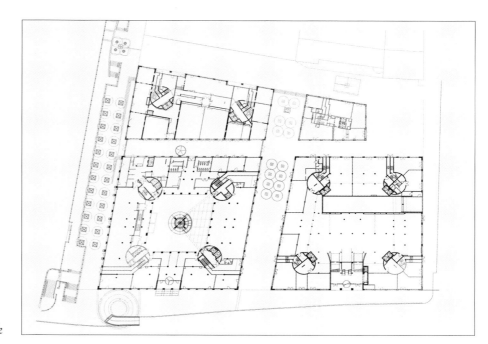

Grundriß Erdgeschoß DomAquarée

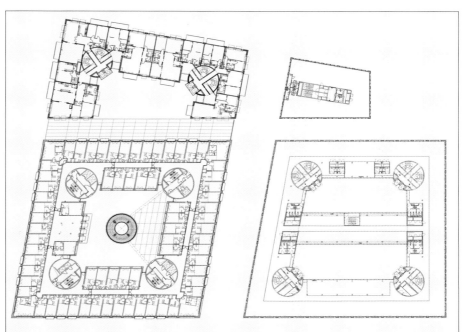

Grundriß Regelgeschoß DomAquarée

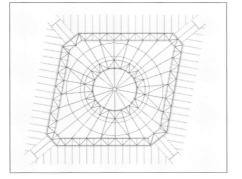 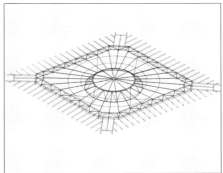

Foliendach DomAquarée

Treppenauge Appartmenthaus

Fenster mit den an den Seiten zurückspringenden Fensterflügeln. Sie werden eingefaßt von Brüstungsfeldern, in die vertikal und horizontal ein Relief gefräst ist, eine auf geometrischem Muster – über Eck gestellte Halbwürfel – beruhende Schraffur in Stein.

Bemerkenswert an der Fassadengestaltung des DomAquarée insgesamt ist, daß sie zwar funktionale Zwecke erfüllt – die Unterscheidung der Häuser –, nicht aber aus ihnen folgt. Sie stellt nicht banal die Konstruktion der Häuser dar, wie es das Dogma der modernen Architektur des 20. Jahrhunderts wollte; Symbolisierung und Repräsentation der konstruktiven Rationalität, das banale Prinzip »form follows function«. Deren negativer Inbegriff und zum polemischen Schlagwort gewordene Bezeichnung ist der »nackte Container«. Aus dieser ästhetischen Ideologie entstanden die annähernd ununterscheidbar gewordenen Häuser der Moderne, die als Sparkasse und als Ministerium ebenso funktionieren konnten wie als Wohnhaus oder als Universität. Sie folgten nur einem Gesetz, dem als Vision der Moderne bezeichneten »Prinzip Konstruktion«[26]. Dagegen folgt Tchobans Fassadengestaltung vornehmlich ästhetischen Regeln und Gesetzen, die sich aus der Architektur selber ergeben, dem Spiel mit dem Material und seiner handwerklichen Behandlung, dem Prinzip des Schmückens etwa bei den schraffierten

Fassadenausschnitt Appartmenthaus mit Balkonen

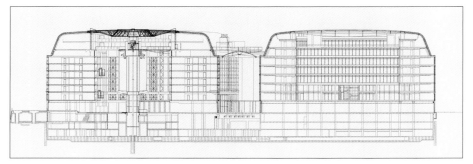

Schnitt Hotel, Großes Bürohaus (West/Ost)

Reliefen oder der korrespondierenden Fülle und Leere bei den »Risaliten«. Sie bewirken, daß das Gebäudeensemble unterscheidbar, also in der Masse der gebauten Häuser der Stadt identifizierbar wird. Und keiner sage, daß diese Art der Ästhetik ein selig in sich kreisendes Glasperlenspiel sei. Denn sie erfüllt im strikten Sinne eine der vornehmsten Anforderungen an urbane Architektur, nämlich privaten (Geschäfts) Zwecken im gleichen Maße zu dienen wie der städtischen Öffentlichkeit. Kein Haus in der Stadt ist nur für sich gebaut, jedes ist dem Publikum, den Nutzern und der städtischen Bevölkerung zugleich verpflichtet. Architektur ist, zumal in der Stadt, gerade keine »freie« Kunst, wie sie für Galerien oder Bibliotheken hergestellt wird; Malerei, Literatur, Skulptur oder Musik können, ja müssen das unbesehen verfolgen. Architektur dagegen ist die gebundene Kunst der Gestaltung des öffentlichen Raums. Und dieser Auffassung folgt Tchobans DomAquarée uneingeschränkt.

DAS DOMAQUARÉE: AQUADOM

Das zweite architektonisch tragende Motiv des DomAquarée ist das Wasser. Es entspricht dem genius loci, dem »Geist des Orts«, da das Gebäudeensemble unmittelbar an der Spree liegt, die von der Stadtgründung bis zur populären Folklore zum Leitmotiv Berlins avancierte. Schon mit der Uferpromenade erweist das DomAquarée ihr gehörige Referenz. Die Terrassierung der Ufermauer mit Schiffsanleger (Wassertaxi) und der Uferbastion darüber, in die ein Restaurant integriert ist, stammt vom Gartenarchitekturbüro Lützow 7 Müller/Wehberg, die Gestaltung der Ufermauer selbst von Sergei Tchoban. Sie folgt den mit der Stadt Berlin verabredeten Konventionen, respektiert und bezieht sich auf die rund hundert Jahre alte Uferbefestigung an der Museumsin-

Entwurfszeichnung
DomAquarée von Nordwesten,
Sergei Tchoban

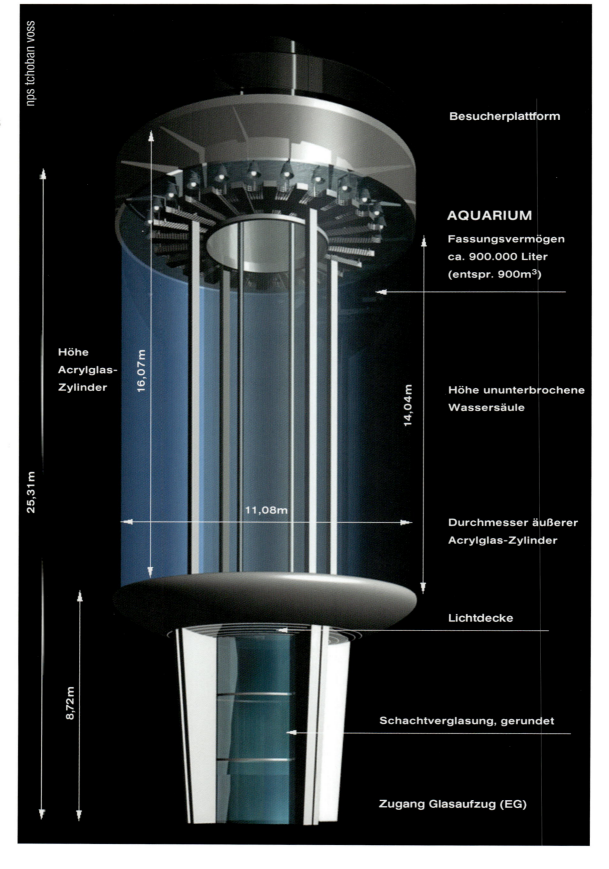

Vorstudien Aquadom

sel gegenüber und trumpft nicht mit eigenen gestalterischen Ambitionen auf. Sie setzt in Szene, was sich, um es kurz zu sagen, an diesem Ort gegenüber Dom und Lustgarten so gehört.

Das Wasser zieht sich als thematisches Motiv durch das gesamte Ensemble hindurch. Es wird im Entree des großen Bürohauses durch eine Wasserwand am Kopf der Freitreppe und den Wasserlauf zwischen den Treppen aufgenommen, sodann variiert in der Freiraumgestaltung beim schmalen, in Tombak gefaßten Wasserlauf entlang der St. Wolfgang-Straße, für die wiederum das Büro Lützow 7 Müller/Wehberg verantwortlich zeichnete. Und es kehrt wieder im Vierungsbrunnen von Jeppe Hein auf der Kreuzung von Spreegasse und Heiligegeistgasse. Dieser zeichnet durch seine quadratische Form nicht nur die Kreuzung nach, sondern ist als »begehbarer Brunnen« durch sein elektronisches Innenleben »höflich«: jede der vier Wasserwände geht bei Annäherung eines Besuchers »in die Knie«, um ihn in sein Geviert einzulassen beziehungsweise fortgehen zu lassen – ein verblüffendes und irritierendes, zugleich dezentes und zumal bei Kindern natürlich beliebtes Spiel.

Darüber hinaus bestimmt das Wasser einen wichtigen Teil der Nutzung. Ursprünglich war während der Gebäudeplanung vorgesehen, eines der gewölbten, zwei Geschosse überspannenden Glasdächer zur Karl-Liebknecht-Straße als WaterWorld für eine Wellness-Landschaft zu nutzen. Für deren Bedarf wurde die technische Ausrüstung mit Wasserzuleitung, Abdichtung und Statik auch angelegt. Doch zerschlug sich der Plan. Stattdessen siedelte sich nicht im Dach, sondern im Erdgeschoß des großen Bürohauses eine Filiale der amerikanischen Merlin Entertainment Group mit einem Sea Life Centre an – angezogen und überzeugt durch den von vornherein geplanten und avisierten Aquadom im Atrium des Hotels. Dieser wird vom Sea Life Centre seinen Besuchern als Attraktion präsentiert, kann aber ebenfalls von den zum Lichthof liegenden Hotelzimmern und von den gläsernen Fahrstühlen des Hotels erlebt werden. Zum Abschluß ihres Rundgangs durchs Sea Life gleiten die Besucher im zweistöckigen Fahrstuhl mit innenliegender Wendeltreppe – erstmalig in der Welt gebaut – in langsamer Fahrt durch den Aquariumszylinder. Die Größe des Fahrstuhls erlaubt 48 Besuchern zugleich die Fahrt. Und sowohl in der technischen Herstellung wie in seiner Dimension erweist sich der Aquadom als weltweit einzigartiges Gebilde.

←
Vermaßte Isometrie Aquadom

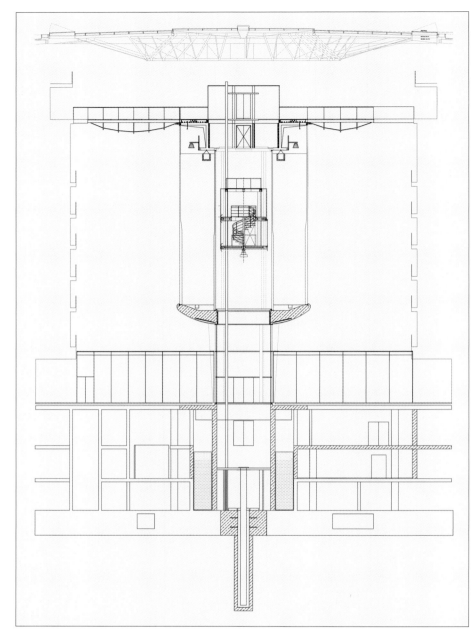

← *Schnitt Aquadom*

Der Aquadom ist im Hotelatrium auf einem 8,72 Meter hohen Sockel aufgebockt, der Aquariumszylinder selbst mißt von dort an weitere 14,04 Meter, bevor er von einer Plattform abgedeckt wird, deren obere Kante 16,07 Meter über dem Fußboden liegt. Zusammengenommen beträgt die Höhe 25,31 Meter, die ihrerseits in 32 Metern von einem Foliendach überspannt werden. Der Durchmesser des Wasserzylinders beträgt außen 11,08 Meter, innen 5,05 Meter. Der Zylinder faßt 900 000 Liter (900 m³) Salzwasser, zu dessen Herstellung 53 Tonnen Meersalz eingesetzt werden. Zwei Sandfilter, drei biologische und zwei chemische Filter sind zur Aufbereitung des Wassers installiert.

→ *Fußgängerbrücke vom Aquadom zum Hotel*

Wie die Dimensionen, so war auch der technische Herstellungsprozeß spektakulär.[27] Als eines der sehr wenigen Unternehmen in der Welt beherrscht die Firma International Concept Management (ICM) in Junction/Colorado(USA) die Technik, ein Aquarium solcher Größenordnung fugenlos aus Acryl zu bauen. Die zwölf Einzelteile (Paneele) des äußeren und die drei Teile des inneren Zylinders mußten in den USA gegossen, in Form »gebacken« und in Stahlrahmen gespannt werden. Auf dem Seeweg wurden sie dann nach Berlin transportiert. Hier mußten auf der Baustelle des DomAquarée außergewöhnliche Vorkehrungen getroffen werden, um die bis zu zehn Tonnen schweren und acht Meter langen Paneele zusammenfügen zu können. Wer seinerzeit die Baustelle besuchte, glaubte sich in einen Hochsicherheitstrakt der NASA versetzt. Geheimhaltung und Sicherheit prägten die Szenerie, labyrinthische Wege über Treppen, Leitern und durch Schleusen mußten bewältigt werden. Die Organisation und Logistik dieser Arbeiten besorgte das Stuttgarter Unternehmen Müller-Altvatter. Auf der Baustelle wurde für das »Verbacken« der Einzelteile eine freistehende, 22 Meter hohe Einhausung errichtet, für die eine Dauertemperatur von 21 Grad Celsius

garantiert werden mußte; Rettungswege, Feuersicherheit und Klimaschleusen inklusive. Dazu waren 400 Kilowatt Kühlleistung und 1800 Kilowatt Heizleistung zu installieren, da die Ausrichtung und Fixierung der Einzelteile mit einer Toleranz von 0,5 Millimetern nur bei konstant 21 Grad Celsius erfolgen konnte. Außerdem mußten drei Kompressoren aufgestellt werden, die für zehn Monate mit garantierter Ausfallsicherheit Druckluft bereitstellen mußten, um nicht nur die Temperatur halten, sondern auch die »radikalische Polymerisation« durchführen zu können. Denn Acryl ist ein »Kunstglas«, eine Art Plastik, das durch chemische Verschmelzungsprozesse entsteht. Die Polymerisation wird »Bonding« genannt. Dabei wird im Baustellenlabor angemischtes flüssiges Acryl mit Druckluft in die Fugen der Einzelteile gepreßt. Das Gelieren des Acryls dauert 24 Stunden, in denen keine Erschütterung erfolgen darf. Konkret hieß das auf der Baustelle Baustopp oder Wochenendarbeit, damit weder Kran noch Preßluftbohrer rütteln oder sich drehen konnten. Danach mußten die Fugen mit einer Klimakammer umbaut werden, um sie auf 90° Celsius aufheizen zu können. Die monolithische Verbindung der Teile erfolgt erst bei dieser Hitze. Anschließend mußte jedes »Bond« noch in sechs Wochen poliert und geschliffen werden, um die glasklare Verbindung des Acryls fertigzustellen. Zu erkennen sind die Fugen am fertigen Aquadom nur noch bei sehr genauem Hinsehen an ganz leichten optischen Verzerrungen.

Auch die Montage war schwierig. Sie erfolgte in mehreren, kompliziert zu koordinierenden Schritten. Der äußere Zylinder (Wandstärke unten zwanzig, oben acht Zentimeter) wurde in zwei Teilen montiert. Erst wurde der untere Ring gebaut und auf die endgültige Position des Sockels abgesenkt, dann der obere Ring aufgesetzt und durchs »Bonding« mit dem unteren verschmolzen. Der innere, dreißig Tonnen schwere Zylinder (Wandstärke unten 14, oben neun Zentimeter) wurde in liegender Position auf der Baustelle zusammengefügt, geschliffen, poliert und sodann mit einem Autokran über das Gebäude in den Innenhof und in den zwischenzeitlich fertig montierten äußeren Zylinder eingesetzt. Dabei kam es auf Millimeterarbeit an, wofür günstige Wind- und Klimaverhältnisse erforderlich waren. Erst anschließend konnte der Deckel aufgesetzt werden. Er birgt zusätzlich die Versorgungsgänge für Taucher und Zoologen und ist in Höhe der Besucherplattform durch Brücken mit dem Hotel verbunden.

Schottenartige Stützen am Aufzug Aquadom

→

Fischpfleger im Aquadom

Getragen und stabilisiert wird die gesamte Konstruktion von vier mächtigen Stahlbetonstützen im Inneren des Aquadoms. Unter der Lichtdecke, die formal dem Echinus einer dorischen Säule nachgebildet ist, stehen sie wie Schotten um den Fahrstuhlschacht. In den Aquariumsbereichen sind sie mit PU-Schaum und Spritzbeton ummantelt und zu Basaltsäulen modelliert. Natürliche Korallen durften nicht eingesetzt werden, da sie unter Naturschutz stehen. Zoologen und Taucher kümmern sich um die bunte Fauna und Flora des Aquariums, das mit durchschnittlich 2500 Fischen aus aller Welt besetzt ist.

Der Aquadom ist zweifelsfrei eine spektakuläre Attraktion der Berliner Innenstadt, und er ist auch neu. Dennoch nimmt er eine verborgene Tradition auf. Sie wurde zwar nicht unmittelbar im alten Heiligegeist-Viertel begründet, aber vor gut 130 Jahren gar nicht weit davon am Boulevard Unter den Linden. Das Standardwerk der Berliner Baugeschichte, die monumentale Werkreihe *Berlin und seine Bauten*, verzeichnet im Band II/III »Hochbauten« von 1896 das von einer »Actiengesellschaft« in Auftrag gegebene »Aquarium und Terrarium«. Als Architekt zeichnete 1867 Wilhelm Lüer dafür verantwortlich. Mit einer Länge von dreihundert Metern erstreckte es sich entlang Unter den Linden und bog in die Schadowstraße ab. Die beiden Haupträume waren mit »leichten Eisenrippen und eisernen Stützen« als »Grottenwerk mit natürlichen Felsblöcken« gestaltet. Über die anderen Räume kann man sodann lesen: »Wie bei diesen beiden Räumen hat der poesievolle Architekt auch bei der Ausbildung aller übrigen Theile versucht, sich – unter künstlerischer Stilisierung der betreffenden Einzelformen – möglichst eng an die Bildungen der Natur anzuschließen.«[28] Unterschiedliche Zeiten haben verschiedene Vorlieben - Grottenwerk und Eisenrippen wird man heute nicht mehr erwarten, wohl auch nicht wünschen, allenfalls würde man sie museal pflegen, wäre das Aquarium noch erhalten. Unseren Zeiten gemäß sind Schotten, die das größte Aquarium aus einem Stück Plastik, aus Acrylglas tragen und innen mit ozeanischen Gefilden aufwarten.

←
Uferpromenade

DER ARCHITEKT SERGEI TCHOBAN

»In Petersburg, wo ich aufwuchs und meine Umgebung zum ersten Mal mit den Augen eines Architekten zu betrachten begann, liegt der Fundus meiner Raum- und Formeindrücke begründet, aus dem ich als Architekt und Künstler schöpfe.« So schildert Sergei Tchoban sein Selbstverständnis in einem Buch, das von Ken Adam bis zu Riken Yamamoto 21 der besten Architekturzeichner der Welt präsentiert.[29] Sergei Tchoban zählt zu ihnen, und seine zeichnerischen Fähigkeiten charakterisieren ihn weit über die architektonischen Erfolge hinaus, die er innerhalb kurzer Zeit in Deutschland und Rußland als Architekt vorweisen konnte. Er wurde dafür mehrfach international ausgezeichnet und betätigt sich auch als internationaler Koordinator des Verbandes der Architekturzeichner.

Betrachtet man einzelne Blätter, so wird schnell deutlich, daß sie nicht aus einem der Konstruktion oder Realisierung verpflichteten engeren Bereich der technischen Architekturzeichnung stammen. Es sind Eroberungen des Räumlichen, träumerische Gedanken über Perspektiven und Dimensionen, fasziniert von Täuschungen und Details, reiche Ausflüge in Phantasie und Erinnerung, aber keine Illustrationen eines Entwurfs oder Präsentationen des fix und fertig Durchdachten. Ob es die verschachtelten Grundelemente der Geometrie hinter geschlossenen Fassadenhüllen sind oder eine Turmspitze, durch deren tief versunkenen Bogensockel sich die Fische still lächelnd treiben lassen, stets mischen sich Beobachtungen am architektonischen Detail mit dem Reichtum erträumter, erinnerter Welten. Nie bedient Tchoban dabei die Tradition fotorealistischer Darstellung, stets bleibt er im Schatten des romantischen Fragments, das sich den Anschluß und die Vervollständigung des Einzelnen im Ganzen ersehnt.

Es gibt darunter auch gleichsam methodische Blätter, die Tchoban etwa im Entwurfsprozeß des DomAquarée nutzte. Auf ihnen wird die Struktur, auch das schließliche Aussehen des wirklich zu Bauenden sichtbar. Aber mit meisterhaft skizzierten Figurinen und leichtem Strich imaginiert Tchoban hier weit mehr die Proportionen der städti-

←
Architekturphantasie
Sergei Tchoban

schen wie der Innenräume des Ensembles, als daß er sich Konstruktionen oder technische Lösungen erarbeitet. Und eines belegen die Zeichnungen ganz unabweisbar: daß Tchoban mit der Hand denkt und seine Inspiration aus dem Zeichenstift schöpft. Im Computer versammelt er allenfalls die Ideen, die er von seinen Expeditionen ins Reich der Zeichnung mitbringt. Der Computer bleibt bei ihm ein ausführendes Instrument, keinesfalls wird er zur Quelle seiner Architektur.

Hofhaus im Kronprinzenkarree Berlin, 2003

Sergei Tchoban stammt aus St. Petersburg. Dort wurde er 1962 geboren, als die Stadt noch Leningrad hieß. Er stammt aus einer alteingesessenen, kultivierten Familie von Professoren, Lehrern und Naturwissenschaftlern. Tchoban studierte in St. Petersburg an der Kunstakademie und erhielt seinen Abschluß eben dort mit Auszeichnung. Noch in der Sowjetunion nahm er 1986 seine praktische Tätigkeit als Architekt auf und wurde nach dem Ende der Sowjetunion 1990 Mitglied des Künstlerverbandes Rußlands. Im selben Jahr kam er auf Einladung des Bundes Deutscher Architekten (BDA) nach Hamburg, wo er eine Auswahl seiner Zeichnungen ausstellte und schnell eine Anstellung im ortsansässigen Büro Nietz Prasch Sigl (nps) erhielt. Seit 1996 firmiert er darin als verantwortlicher Partner und leitet das Berliner Büro. 2003 wurde das Büro in nps tchoban voss Architekten BDA umbenannt. Neben dem kleinen, aber feinen Bau der Galerie Arndt in einem der Hackeschen Höfe (1998) zählt vor allem das Kino Cubix unmittelbar am Bahnhof Alexanderplatz (2001) zu den Berliner Bauten, die seine Raumvisionen architektonisch manifestieren. Es wurde 2002 sogleich ausgezeichnet. Gegenwärtig ist er in mehrere Großprojekte in St. Petersburg, Moskau, Düsseldorf, München, Berlin und weiteren Städten involviert.

In Petersburg, so Tchoban, »begegnet einem alltäglich der Dialog zwischen Stadt und Haus, Gebäude und Freiraum, Stein und Wasser. Seit jener Zeit besteht für mich eine starke Bindung zwischen der Welt der Erinnerung und der Welt der Architekturzeichnung.« Etwas von diesen Verschränkungen aus Traum und Realität, Festigkeit und luftigen Gängen, Durchblicken und Solidität hat er mit dem DomAquarée nach Berlin an die Spree zu übertragen versucht.

→
*Galerie Arndt,
Hackesche Höfe, 1998*

→
*Cubix-Kino,
Alexanderplatz, 2001*

ANMERKUNGEN

1. Dankwart Guratzsch, »Hauptstadt der Bau-Attraktionen«, in: Die Welt, 12. Mai 2004
2. Vergl.: Joachim Schulz/Werner Gräbner, Berlin – Architektur von Pankow bis Köpenick. Berlin 1987, S. 46 und Berlin vis-à-vis, Heft 7/ 2001, S. 12 ff. Zur Bau- und Planungsgeschichte auch: Benedict Goebel, Der Umbau Alt-Berlins zum modernen Stadtzentrum. Berlin 2003, S. 332
3. Matthias Matussek, Palasthotel Zimmer 6101, Reporter im rasenden Deutschland. Hamburg 1992
4. Ebda, S. 72
5. Bruno Flierl, »Der Zentrale Ort in Berlin – Zur räumlichen Inszenierung sozialistischer Zentralität.« In: ders., Gebaute DDR. Über Stadtplaner, Architekten und die Macht. Berlin 1998, S. 121 ff. Die folgende Darstellung fußt auf Flierls ausführlicher Analyse der Planungsgeschichte. Interpretationen und Wertungen stammen vom Verf.
6. Vergl.: Ein Palast und seine Republik. Ort – Architektur – Programm. Th. Beutelschmidt/J. Novak (Hg.). Berlin 2001
7. Flierl, a.a.O. (Anm. 5), S. 124; Hervorhebung von B. Flierl
8. Hartmut Häussermann, »Sichtbarkeit und Unsichtbarkeit von Macht im Zentrum von Berlin – Vom Kaiserreich bis zur Gegenwart.« In: Berlin – Moskau, Metropolen im Wandel. W.Eichwede/R.Kayser (Hg.), Berlin 2002, S. 126/127
9. Michael Mönninger, »Neue Wände für den Windkanal.« In: Berliner Zeitung, Magazin vom 10. Januar 1996
10. Vergl. Verf.: Auf der Suche nach der verlorenen Stadt. Berliner Architektur am Ende des 20. Jahrhunderts. Berlin 2002
11. Vergl. dazu: Benedict Goebel, a.a.O. (Anm. 2), S. 349 ff
12. Hans Stimmann, Berlin – Physiognomie einer Großstadt. Mailand/Hamburg 2000, S. 10/11
13. Vergl.: Harald Bodenschatz (mit Hans-Joachim Engstfeld und Carsten Seifert), Berlin – Auf der Suche nach dem verlorenen Zentrum. Hamburg 1995, S. 67 ff
14. Siehe Benedict Goebel, a.a.O. (Anm. 2) S. 128
15. Vergl. zum folgenden: Harald Bodenschatz, a.a.O. (Anm.12), S. 77 ff; Dieter Hoffmann-Axthelm »Abriss.« In: Bauwelt Heft 17, 2001, S. 14 ff, jüngst Benedict Goebel, a. a.O. (Anm. 2), S. 128 ff
16. Julius Rodenberg, Bilder aus dem Berliner Leben. Neuausgabe, Berlin 1987, S. 97
17. Franz Hessel, Ein Flaneur in Berlin. (Neuausgabe von Spazieren in Berlin von 1929) Berlin 1984, S. 64 u. 101
18. Friedrich Nicolai, Beschreibungen der königlichen Residenzstädte Berlin und Potsdam. Berlin 1786
19. B.Goebel, a.a.O. (Anm. 2), S. 237–239
20. Neben der zitierten Literatur wurde für das Kapitel auch die Untersuchung »Geschichte des Standorts« aus dem Stadtplanungsbüro Blomeyer & Milzkott von 1996 zu Rate gezogen.

21 Architekten Nägele, Hofmann, Tiedemann + Partner (NHT), Frankfurt/M, Fertigstellung 2001. Siehe Brigitte Jacob, »Das Heiligegeist-Viertel in Berlin-Mitte.«. In: *Architektur in Berlin*, Jahrbuch 2002, Architektenkammer Berlin (Hg.). Hamburg 2002, S. 40

22 Volker Martin/Karl Pächter, *Palasthotel am Dom, Berlin-Mitte. Masterplan mit Bauvorbescheid.* 1993.

23 Vergl. Heinrich Wefing, »Abschied vom Glashaus.«, in: *Dem Deutschen Volke – Der Bundestag im Deutschen Reichstagsgebäude.* Heinrich Wefing (Hg.), Bonn 1999, S. 136 ff

24 Vergl. Verf, *Auf der Suche nach der verlorenen Stadt,* a.a.O. (Anm. 10), und: Gert Kähler, *Einfach schwierig – Eine deutsche Architekturdebatte.* Braunschweig 1997

25 Axel Schultes/Charlotte Frank, *Kanzleramt Berlin.* Mit einer Einführung von Michael Mönninger. Stuttgart 2002.

26 Siehe: Heinrich Klotz (Hg.), *Die Vision der Moderne – Das Prinzip Konstruktion.* München 1984

27 Im Nachfolgenden beziehe ich mich dankbar auf die Darstellung von Falk Jaeger: »Im Aufzug durchs Korallenriff.«, in: *Frankfurter Allgemeine Zeitung,* Nr. 16, Beilage Technik und Motor S. 1, 20. Januar 2004

28 *Berlin und seine Bauten,* Architektenverein zu Berlin (Hg.), Bd. II und III, Berlin 1896, S. 246 ff

29 *Handgezeichnete Welten – Handdrawn Worlds.* Kristin Feireiss (Hg.), Berlin 2003, Sergei Tchoban S. 160f

PLANUNGSBETEILIGTE

Bauherr
DIFA
Deutsche Immobilien Fonds AG
Projektleitung: Bent Mühlena

Architekt
Sergei Tchoban
nps tchoban voss Architekten BDA
Alf M. Prasch, Peter Sigl,
Sergei Tchoban, Ekkehard Voss

Außenanlagenplanung
Lützow 7
Garten- und Landschaftsarchitekten
Cornelia Müller
Jan Wehberg

Projektsteuerung
Kappes Scholtz
Ingenieur- und
Planungsgesellschaft mbH
Projektleitung: Michael Jessing

Projektkoordination Technik
Generalplaner Technik DomAquarée
Roy Manke

Tragwerksplanung
Leonhardt, Andrä und Partner
Beratende Ingenieure VBI, GmbH
Projektleitung: Tobias Thiele

Technische Gebäudeausstattung
Kuehn Bauer Partner
Beratende Ingenieure GmbH
Projektleitung: Berndt Behrendt

Bauüberwachung
gsp
Gesellschaft für Städtebau und
Projektentwicklung Berlin mbH
Projektleitung: Christian Logemann

Qualitätsmanagement
Ingenieurgesellschaft Schlapka AG
und Planungsbüro Rohling AG
Architekten und Ingenieure
Projektleitung: Hanns-Jörg Horn

Lichtplanung
Kardorff Ingenieure
Volker v. Kardorff

Aufzugsplanung
Hundt & Partner
Ingenieurgesellschaft mbH
Projektleitung: Michael Schmude

Fassadentechnik
Priedemann Fassadenberatung
Projektleitung: Wolfgang Feuerlein

Akustik
Büro Marx
Dr. Bernhard Marx

**Energie- und
Strömungssimulationen**
ifes
Institut für angewandte Energie-
und Strömungssimulation
Gerhard Hoffmann

Vorbeugender Brandschutz
HHP Berlin
Projektleitung: Margot Ehrlicher

Orientierung- und Leitsystem
KFR
Interdisziplinäre Organisations-
und Sicherheitsplanung
Projektleitung: Richard Reiter

Innenarchitektur Hotel
Mahmoudieh Design
Yasmine Mahmoudieh
Projektleitung: Carmen Sünderhauf

virgile and stone
design and architecture
Projektleitung: Johanna Liepold

Architektengemeinschaft
Bassenge Heinrich Puhan-Schulz
Johannes Heinrich
Projektleitung: Georg Hagemann

Aquarium Planung
ICM
International Concept Management Inc./
Reynolds Polymer Technology, Inc.
Projektleitung: Rob Griffin

Holzapfel, Rüdt & Partner
Beratende Ingenieure VBI
Gesellschaft für konstruktiven
Ingenieurbau mbH
Projektleitung: Detlef Hüttenrauch

Erwin Sander Elektroapparatebau GmbH
Erwin Sander

Rangger Aufzüge GmbH
Projektleitung: Angelika Schulze

Baulogistik
Horner & Schirmer
Rüdiger Horner

Verkehrsplanung
GRI - Gesellschaft für Gesamt-
verkehrsplanung, Regionalisierung u.
Infrastrukturplanung mbH
Projektleitung: Bodo Fuhrmann

Öffentliche Straßenraum Planung
Ingenieurbüro Uwe Abraham
Uwe Abraham

Kunstkonzept
Galerie Arndt&Partner
Matthias Arndt
Projektleitung: Stephanie v. Spreter

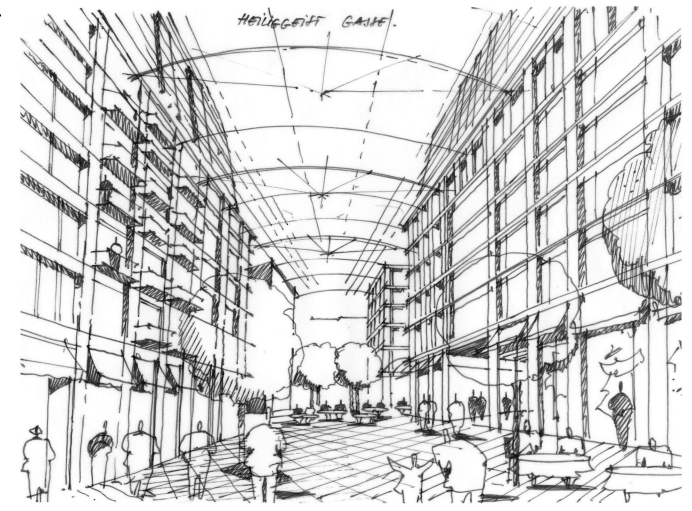

MITARBEITER
nps tchoban voss architekten

Gesamtprojektleitung:
Manfred Treiling

**Projektleitung Hotel, Untergeschosse
und Außenanlagen:**
Axel Binder

Projektleitung Büro und Wohnen:
Ulrike Graefenhain

Projektleitung bis 2001:
Stephan Lohre

Team:
Anna v. Abendroth
Philipp Bauer
Charlie Becker
Alexandra Behrens
Konrad Benstz
Roland Frank
Christian Graulich
Bernward Grützner
Antje Kalus
Anja Koch
Ralf Krausfeld
Adrian Lachowicz
Matthias Lassen
Jan-Henning Neske
Julia Neumann
Laurent Ngoc
Fabiana Pedretti
Anja Schroth
Steffen Schulz
Peter Sinnemann
Juliane Sprondel
Katharina Stranz
Christian Strauss
Angela Tohtz

←
*Entwurfszeichnung
Heiligegeistgasse,
Sergei Tchoban*

Junius Verlag GmbH
Stresemannstraße 375
22761 Hamburg
www.junius-verlag.de

© 2004 by Junius Verlag GmbH

© für Fotos, Zeichnungen und Texte bei den Autoren.
Alle Rechte vorbehalten.

Gestaltung:	Julie August, Berlin
Bildnachweis:	Landesarchiv Berlin (10, 12, 13, 14, 18, 23, 24, 25, 26, 27, 29)
	Sen. Stadt.Verwalt. Berlin (19 ,20)
	Deutsche Architektur (15)
	Martin/Pächter (30, 31)
	Müller-Wehberg (32)
	Volker Thie (11)
	Christian Gahl (4, 6, 8, 34/35, 55, 57, 82)
	Anke Müller-Klein (37, 40, 42, 43, 44, 45, 50, 51, 52/53, 59, 63, 73, 79, 81, 84/85)
	Claus Graubner (38/39, 41, 54, 56, 57, 64, 88, 89)
	Samuel Huber (49, 58, 65, 80)
	Philipp Meuser (Umschlagbild, 46, 47, 48, 60/61, 62)
	Uwe Walter, Courtesy Arndt & Partner (39)
	Florian Bolk (89)
	nps tchoban voss (65, 67, 68, 72)
	Sergei Tchoban (2/ 3, 9, 33, 75, 86, 94)

Druck & Bindung: Druckhaus Dresden GmbH Dresden,
Verwendete Schriften: Trinité und Akzidenz Grotesk
Papier: Galaxi 135 g/m²

Printed in Germany.
ISBN 3-88506-547-9

Bibliografische Information Der Deutschen Bibliothek
Die Deutsche Bibliothek verzeichnet diese Publikation
in der Deutschen Nationalbibliographie,
detaillierte bibliografische Daten sind abrufbar im Internet über
http//www.dnb.ddb.de